पहाड़ से ऊँचा

पहाड़ से ऊँचा

डॉ. रमेश पोखरियाल 'निशंक'

वाणी प्रकाशन

वाणी प्रकाशन
4695, 21-ए, दरियागंज, नयी दिल्ली 110 002

शाखा

अशोक राजपथ, पटना 800 004

फ़ोन : +91 11 23273167 फ़ैक्स : +91 11 23275710

www.vaniprakashan.in
vaniprakashan@gmail.com
sales@vaniprakashan.in

PAHAR SE UNCHA
by Dr. Ramesh Pokhariyal 'Nishank'

ISBN : 978-81-8143-776-1

Novel

संस्करण 2008
आवृत्ति 2016

मूल्य : ₹150

तुषार कलर प्रोसेस, दिल्ली-110 093 में मुद्रित

वाणी प्रकाशन का लोगो मक़बूल फ़िदा हुसेन की कूची से

पहाड़ से ऊँचा : 5

सेना में 32 साल की नौकरी के बाद ऑनरेरी कैप्टेन शंकर दत्त बड़े उत्साह से गाँव आकर बस गये थे। उनसे पहले रिटायर हुए सूबेदार गोपाल दत्त, मोहन सिंह बिष्ट के साथ ही न जाने कितने और साथी देहरादून, रुड़की और कोटद्वार में बस चुके थे। संगी साथी जब शहर में बसने की बात करते, तो शंकर दत्त का मन व्यथित हो जाता। फौज की व्यस्त नौकरी में यदा कदा पहाड़ से हो रहे पलायन की बात सुनकर उनका मन खराब होने लगता था। इसी के चलते उन्होंने रिटायरमेंट के बाद गाँव में ही बसने की ठानी थी। रिटायरमेंट से दो महीने पहले जब उन्हें लैंसडौन भेजा गया, तो उन्हें बचपन से यौवन तक बिताए गये वर्षों की एक-एक बात याद आने लगी थी।

गाँव की पगडंडियों पर धमाचौकड़ी मचाते बच्चे, स्कूल से आने के बाद जंगलों में घास लकड़ी बीनने और हिरनी की तरह कुलांचे मारने के साथ ही खेलों को लेकर बच्चों का उत्साह। रह-रह कर पुरानी यादों में खोए रह कर पता ही नहीं चला कब दो महीने गुजर गये। नौकरी के आखिरी दिन उन्होंने रेजीमेंटल मंदिर में जाकर भगवान बदरी विशाल को नमन कर आभार जताया कि उनके आशीर्वाद से वह बत्तीस साल की नौकरी निर्विघ्न पूरी करके अपने गाँव लौट रहे हैं। आखिर तीन-तीन लड़ाइयों में शंकर दत्त को कई बार जीवनदान भी तो मिला था।

वह कृतज्ञ भाव से बार-बार भगवान बद्री विशाल का धन्यवाद करके अपने गाँव की ओर निकल पड़े।

घर आने के बाद तीन चार महीने कब गुजर गये, शंकर दत्त को पता ही नहीं चला। भादों का महीना था, बारिश अपने पूरे यौवन पर थी। लेकिन आसमान लाल, पीले, काले बादलों से घिरा ऐसा जान पड़ता था जैसे होली खेलने वाला कोई मदमस्त नवयुवक रंग बिरंगी फागुनी रंगों से लिपटा हुआ हो। सूरज की किरणों की आँख मिचौनी से बीच-बीच में वर्षा ऋतु का आभास कम हो रहा था। शंकर दत्त चिलम लेकर अपने छ्ज्जे (तिबारी) में बैठे हैं और तभी उन्हें दूर से गोपाल दत्त आता दिखाई देता है।

'नमस्कार दाज्यू। बाल-बच्चे सब ठीक हैं?'

'चिरंजीव भुला गोपाल, सब ईश्वर की कृपा है। तुम सुनाओ क्या हालचाल है?'

गोपाल दत्त ने सिर्फ 'दिन निकल रहे हैं'...कहा।

गोपाल दत्त ने शंकर दा के हाथों से चिलम लेते हुए एक कश भरी। 'अरे! हुक्के के कोयले तो कबके ठंडे पड़ चुके हैं?' किस सोच में डूबे हैं आप?

'हाँ भुला! सोचता हूँ कितनी जल्दी बदल रहे हैं हमारे घर, गाँव और लोग। जरा याद करो उन दिनों को जब हम चार मील दूर प्राइमरी स्कूल खांकरा पैदल नंगे पाँव जाया करते थे। जूता मिडिल में जाकर नसीब हुआ था। मोटा खाना, मोटा पहनना, गुरु जी का भय और फिर घर, गाँव में एकता, भाईचारा, सहयोग और प्रेम क्या कुछ नहीं था। उस दिन की तो तुम्हें याद होगी, जब मकरैंणी के कौथिग से लौटते-लौटते रात हो गई थी। प्रधान जी की गाय का पैर जंगल में ही टूट गया था। कितना जोश था हम सब में। ले चले थे उसे कंधे पर उठाकर सुखिया के घर। देर से लौटने पर चाची ने तुम्हारी तो पिटाई भी की थी।

'खूब याद है दाज्यू, पर सुबह सच्ची बात जानकर माँ ने

शाबासी भी तो दी थी मुझे।'

'अब कहाँ रही ऐसी एकता? अब ढोर-डंगर पालने भी कम कर दिये हैं लोगों ने'। 'हाँ दाज्यू अब न तो पहले जैसा जंगल रहा और न ही लोगों में अपनी किसी बाड़ी से प्रेम'।

इस बीच गोपाल दत्त ने हुक्के में तमाखू डालकर कोयले फिर सुलगा दिए और दो कश लगाकर शंकर दा की ओर चिलम बढ़ाकर खरासते हुए बोला 'मैं भी बाजार तक गया था। नमक, तेल, तम्बाकू लेने। सोचा आपकी कुशल लेता चलूँ, साथ ही मोहन का भी समाचार मिल जायेगा।'

'कब आने वाला है मोहन, कोई चिट्ठी पत्तरी आयी?'

शंकर दत्त ने अपनी बिटिया शान्ति को चाय लाने के लिए आवाज दी। 'हाँ, कल ही डाकिया आया था, मोहन ने लिखा है कि वो डिग्री लेकर ही आएगा। अभी दो बरस और हैं।'

'दाज्यू तुमने भी एक धरम का काम किया है, वरना आज के समय में कौन किसे पूछता है? लोग अपनी सन्तान का पालन-पोषण ढंग से नहीं कर पा रहे हैं और एक तुम हो कि मोहन की डॉक्टरी की पढ़ाई का जिम्मा पूरा कर रहे हो।'

'अरे। सगा बेटा न हुआ तो क्या हुआ। अपने सगे भाई का बेटा तो है।' शंकर दत्त ने प्रसन्न होकर जवाब दिया।

दोनों मोहन के डॉक्टर बनकर गाँव आने की भावी कल्पना से खुश दिखते हैं। गोपाल दत्त बोला 'मोहन के लिए नौकरी की कोई कमी थोड़े ना है, लेकिन यदि वह गाँव में ही एक क्लीनिक खोले, तो गाँव का ही नहीं पूरे इलाके का भला हो जाएगा।'

शंकर दत्त भी तो यही चाहते हैं पर समय को देखते हुए उनके मन में कुछ आशंकाएँ भी हैं। वह कुछ व्यक्त न कर इतना ही कहते हैं कि पहले मोहन कुशल से घर आ जाए। फिर आकाश की ओर देखने लगे जैसे ईश्वर को धन्यवाद दे रहे हों।

इस बीच शान्ति दो गिलास चाय लेकर आई। चाय देकर

गोपाल चाचा को सेवा लगाकर भीतर चली गई। गोपाल चाय की चुस्कियाँ लेते हुए कहता है 'शान्ति भी अब विवाह योग्य हो गई है। मिडिल तो पास कर लिया होगा।' शंकर दत्त ने हामी भरते हुए कहा कि 'हाँ, इस साल इण्टर पास भी कर लिया। सोचता हूँ कहीं अच्छा लड़का मिल जाए तो उसके हाथ पीले कर दूँ। तुम्हारी नजर में कोई योग्य लड़का होगा तो बताना।'

शान्ति अपने नाम के अनुरूप गुण सम्पन्न लड़की थी। शील, शान्त, सुन्दर, सुघड़ और विनम्र स्वभाव उसकी पहचान थी। अन्तर्मुखी स्वभाव की होने के कारण मन की बात अपनी माँ को भी बहुत सोच-विचार कर ही बताती थी। भाई व बाबू जी को अपनी किसी भावना से सहजता से परिचित कराना उसके स्वभाव में नहीं था।

भाई प्रकाश उससे चार साल बड़ा था। माँ की तबियत बहुत अच्छी नहीं रहती थी। घर की खेती, पशु, जंगल आदि कार्यों का बोझ शान्ति के कंधों पर ही था। प्रकाश यद्यपि बी०ए० पास कर चुका था, पर अभी बेरोजगार ही था। एम०ए० प्राइवेट कर रहा था, किन्तु उसका मन घर गाँव में कम लगता था।

शांती की कार्यकुशलता और व्यवहार से वह खुश रहता था लेकिन उसे भी अपनी बहन के विवाह की चिन्ता के साथ ही अपनी नौकरी और माँ के स्वास्थ्य की चिंता भी हमेशा लगी रहती थी। उसे अपने बाबू जी की बातें कभी-कभी खोखली लगती थी। उसे उन सिद्धान्तों में विश्वास नहीं था, जो दूरगामी लाभ देने वाले हों, वह तात्कालिक लाभ में अधिक विश्वास रखता था। नौकरी की तलाश में पिछले लगभग साढ़े तीन बरस में वह कई जगह आवेदन कर चुका था, लेकिन बात किन्तु परन्तु पर आकर रुक जाती थी।

प्रकाश के बचपन का साथी रमेश आजकल घर आया हुआ था। वह दिल्ली में किसी प्राइवेट फर्म में दो रोटी पेटपाल नौकरी

करता था। दोनों बचपन के लंगोटिया थे। साथ पढ़े, साथ बढ़े थे। रमेश का विवाह होकर बच्चे भी हो गये थे, किन्तु प्रकाश दोनों मामलों में उससे पिछड़ गया था, जबकि प्रकाश पढ़ने में रमेश से हमेशा आगे ही रहा।

दोनों की मित्रता आज भी बचपन की तरह ही प्रेम की निष्ठा पर टिकी हुई थी। प्रकाश गाँव, घर की वर्ष भर की बातों से उसे अवगत कराता, तो रमेश अपनी नौकरी के अनुभवों को सुनाता। इस तरह दोनों साथ उठते-बैठते। जब प्रकाश को लाख कोशिश के बाद भी कहीं नौकरी नहीं मिली, तो एक दिन उसने रमेश से अपने दिल की बात कह दी कि उसके लिए भी दो रोटी का जुगाड़ वही देखे दिल्ली में। रमेश ने साफ हाँ भी नहीं कहा और ना भी नहीं की थी।

वह समझता था कि प्रकाश उससे अधिक पढ़ा-लिखा है। उसने सोचा मैं इण्टर पास और प्रकाश बी॰ए॰ है, देर-सवेर कहीं कोई सरकारी नौकरी मिल ही जाएगी फिर वह एम॰ए॰ भी कर रहा है। कुछ नहीं तो मास्टरी तो मिल ही जाएगी। किन्तु वह इस बात से भी अनभिज्ञ नहीं था कि आज पढ़े-लिखे लोगों की क्या स्थिति है। डिग्री लिये बेकारों की भीड़ बढ़ती ही जा रही है।

उस रोज प्रकाश ने इस बात पर अधिक जोर नहीं दिया कि रमेश उसे दिल्ली में रोजी रोटी दिला सकता है या नहीं, पर आज तो वह ठान कर आया था कि वह रमेश से साफ पूछ लेगा, नहीं तो कोई और रास्ता तलाशने की सोचेगा।

दो-चार, इधर-उधर की बातें हुई, फिर प्रकाश काम की बात पर आ गया। 'तुमने मेरे बारे में कुछ सोचा?' रमेश ने एक लम्बी साँस भरते हुए कहा 'हाँ बन्धु सोचा तो है, कुछ क्या बहुत कुछ, परन्तु मेरी समझ में नहीं आ रहा है कि तुमने क्या समझकर दिल्ली में नौकरी की सोची है?

भई दिल्ली में जिन्दगी जीना उतना आसान नहीं है, जितना

बाहर से दिखायी देता है। रात-दिन भागमभाग, कम दाम अधिक काम। धुआँ, धूल, प्रदूषण और सबसे बड़ी समस्या रहने की। कहीं नौकरी तो कहीं कमरा फिर रोज बस की इन्तजारी, मुफ्त के धक्के और देर रात कमरे में पहुँचना। जितनी सड़ी गरमी है दिल्ली में, उतनी ही कोहरे वाली भीषण ठंड। कुछ हो जाए, कोई पूछने वाला नहीं। अमीरों और नेताओं का शहर है। गरीब आदमी तो अमीर बनने का स्वांग रचते-रचते नीलाम हो जाता वहाँ।'

प्रकाश ने उसे बीच में ही टोकते हुए कहा 'यह सब कुछ थोड़ा बहुत मैं भी जानता हूँ, भोगा नहीं तो क्या हुआ; देखा-सुना तो है रेडियो, टी०वी० पर। वह सब तो मैं झेल लूँगा, पर नौकरी कहीं मिलेगी? तुम्हारी पहचान से मैंने यह पूछा है और तुम लगे भाषण देने'।

'यार नौकरी तो मिल ही जाएगी।'

'मिल जाएगी, इसका मतलब क्या समझूं मैं।'

'समझो मिल गई लेकिन...'

'तुम्हारी लेकिन, परन्तु कहने की आदत नहीं गई मित्र बचपन से।'

'देखो प्रकाश। इस लेकिन में बहुत बड़े अर्थ व कारण होते हैं। अब तुम समझोगे यह भाषण दे रहा है। परन्तु सच्चाई यही है कि बी०ए०, एम०ए० पास लड़के भी दिन भर दिल्ली में कार्यालयों के चक्कर लगाते हैं। हमारे पहाड़ के लड़कों के पास नाममात्र की डिग्री होती है। न कोई तकनीकी डिग्री है और न ही कोई अनुभव, ऐसे में कौन पूछता है वहाँ?'

रमेश की बातें सुनकर प्रकाश गंभीर हो गया और कहने लगा 'मैं भी 'आई०टी०आई०' से रेडियो, टी०वी० मैकेनिक ट्रेड से ट्रेनिंग करना चाहता था किन्तु वहाँ अध्यापक न होने के कारण मैंने वहाँ जाना उचित नहीं समझा। अब सोचता हूँ कि वैसे ही कर लेना चाहिए था। कम से कम डिग्री तो होती'।

'पर क्या करते ऐसी डिग्री से जिसमें जानकारी ही न हो?'

'तुम्हें दिल्ली जाने का प्रोग्राम बनाने से पहले ताऊ जी से पूछना होगा।'

'बाबू जी तो हमेशा की तरह मना ही करेंगे, वही घिसी-पिटी बातें-क्या करोगे दिल्ली जाकर? न साफ हवा, न साफ पानी, न लोगों में दया भाव और न ही सहिष्णुता और भी न जाने क्या-क्या...।'

'तब क्या तुम अपने बाबू जी की इच्छा के विरुद्ध दिल्ली चलोगे?'

'हां! विचार तो कुछ ऐसा ही है।'

'खूब ठोक पीटकर और सोच-विचार कर के ही निर्णय लेना प्रकाश! बाद में कोई पछतावा नहीं होना चाहिए, क्योंकि वहाँ जाने वाले पहाड़ के लोग एक लम्बे संघर्ष के बाद ही वहाँ के निवासी बन सके हैं और पहाड़ को सदा के लिए छोड़ चुके हैं वे लोग। अब कभी शादी, त्यौहार, सुख-दुःख में या फिर टूरिस्ट बनकर ही आते हैं यहाँ।

'रमेश। तुम भी बाबू जी की तरह बातें करते हो?'

'क्या?'

'यही पहाड़ छोड़ने की बातें।'

'ठीक तो कहते हैं ताऊजी। तुम नहीं समझोगे प्रकाश! अभी इस दर्द को।'

इस तरह काफी जद्दोजहद के बाद, शंकरदा के लाख मना करने पर भी उनका इकलौता बेटा प्रकाश दिल्ली जाने की ठान चुका था। रमेश उसे कुछ दिन अपने साथ रखने हेतु सहमत हो गया है। ज्यादा दिन तक अपने साथ इसलिए नहीं रख सकता था, क्योंकि मकान मालिक को यह स्वीकार्य नहीं होगा।

प्रकाश अपने बाबू जी से दिल्ली जाने की अनुमति लेने से पहले मन ही मन सोचता रहा है कि बाबू जी दिल्ली जाने की

इजाजत तो देंगे नहीं, कैसे समझाया जाए उन्हें? मेरे जाने के बाद घर के काम कौन करेगा?

भले ही शांति सब कुछ संभाल लेती है। फिर भी माँ न जाने क्या कहने लगे? परेशानी मेरे जाने से घर में भी होगी और मुझे दिल्ली में भी, लेकिन किया क्या जाए जिससे साँप भी मर जाये और लाठी भी न टूटे। उसे थोड़ी देर के लिए कुछ समझ नहीं आया। बेरोजगारी की मार ने उसे व्यावहारिक धरातल पर ला पटका था।

चाय के खोमचों में दिन भर इस तरह खाली बैठे रहना उसे ही क्या, किसी भी नौजवान को इस उम्र में अच्छा नहीं लग सकता। पहाड़ में लाख हाथ-पाँव मारते हुये भी रोजगार नहीं मिल सकता। खेती इतनी है नहीं कि उसके भरोसे पूरे जीवन भर यहाँ टिका जा सके।

कमरतोड़ मेहनत और खाने को मात्र चार महीने का राशन। उस पर भी जंगली जानवरों और पक्षियों द्वारा फसल को क्षति पहुँचाना और फिर समय से बारिश न हुई तो समझो चार महीने का राशन भी नहीं निकलेगा खेतों से।

कभी उसे अपने बाबू जी की बात उचित ही जान पड़ती कि पहाड़ से व्यक्ति काले बाल लेकर जाता है और फिर सफेद बाल लेकर लौटता है। परिवारजन पहाड़ में तो खुद परदेश में। उधर नौकरी की अनिश्चितता की चिन्ता तो इधर घर की चिन्ता। उफ्फ! पूरी जिन्दगी क्या यूँ ही निकल जायेगी? इसी उधेड़बुन में जाने कब प्रकाश की आँख लग गई।

प्रकाश दिल्ली जाने की अपनी इच्छा को दृढ़ता के साथ बाबू जी के सामने रखना चाहता है। रात का खाना खाने के बाद परिवार के चारों लोग एक साथ बैठे हैं। पूस के महीने की ठिठुरन पैदा करने वाली ठंड में वे सब बीच में अंगीठी जलाए आग के सहारे आसपास बैठे थे। प्रकाश ने उचित वातावरण देखकर बात छेड़ी

'बाबू जी! मैं दिल्ली जाना चाहता हूँ।'

'क्यों?'

'नौकरी के लिए।'

'वहाँ किसने रखी है तुम्हारे लिए नौकरी?'

'इतने लोग जो जाते हैं वैसे ही, कहीं न कहीं मुझे भी मिल ही जायेगी।'

'पर बेटा वहाँ रहने, खाने...'

बीच में ही प्रकाश की माँ बोल पड़ी, 'परू बेटा, क्या करेगा दिल्ली जाकर? एक ही तो लड़का है हमारा, यहाँ खाने, पीने की कमी थोड़े ना है। क्या रखा है बेटा दिल्ली में? अभी तो पढ़ाई ही कर रहा है, कहीं न कहीं दो रोटी खाने लायक नौकरी तो मिल ही जायेगी इसी पहाड़ में।'

प्रकाश ने माँ की बातों की ओर विशेष ध्यान नहीं दिया, उसे विश्वास था कि माँ तो मान ही जायेगी। कहने लगा 'बाबू जी एक बार आप मुझे जाने दीजिए, फिर रमेश भी वहीं है, उसी के साथ जाऊँगा कुछ दिन वहीं रहूँगा।'

'तो यह रमेश की पढ़ाई हुई पट्टी है।'

'नहीं बाबू जी! मैंने ही उससे कहा था। वह तो मना कर रहा था, परन्तु जब मैंने जिद की तो कहने लगा कि अपने बाबू जी से पूछ लेना और सोच-विचार कर निर्णय लेना।'

'ठीक ही तो कहा रमेश ने' माँ बोली।

'पर माँ तुम नहीं जानती, यहाँ तो ऐसे ही उम्र चली जायेगी।'

शंकर दत्त को महसूस हुआ कि प्रकाश जाने की ठान ही चुका है। फिर भी उन्होंने एक बार पुनः समझाते हुए कहा 'बेटा! तुम पढ़े-लिखे हो, समझदार हो, अपना भला-बुरा जानते हो। मैं भी भारत घूमा हूँ, शहरी जिन्दगी भी देखी है। वहाँ तनाव, बीमारियों और ठगी के सिवा विकास के नाम पर अधिक कुछ नहीं मिलेगा।'

शंकर दत्त समझाते जा रहे थे, 'बेटा वहाँ जैसा दिखता है, वैसा है नहीं। यदि तुम यहीं रोजगार करना चाहो, तो मुझे अच्छा लगेगा। छोटा-मोटा रोजगार यहीं घर गाँव-कस्बे में चल सकता है। मैंने देखा है लोग दिल्ली से लौटकर घर गाँव में ही रोजगार करने लगे हैं।'

शान्ति अपनी प्रवृत्ति के अनुरूप अब तक चुप बैठी सब कुछ सुन रही थी। धीमी आवाज में बोली 'बड़े भैया! तुम चले जाओगे तब घर में माँ-बाबू जी को कौन देखेगा? ईजा की दवा लेने हर पन्द्रह दिन बाद बाजार जाना पड़ता है। यह सब कौन करेगा?'

प्रकाश ने कोई उत्तर न देते हुए इतना ही कहा-'क्या तुम सब लोग यही चाहते हो कि मैं घर से बाहर न जाऊँ, यहीं पड़ा रहूँ?' उसने कुछ नाराजगी भरे स्वर में कहा-'यदि यही आप लोगों की इच्छा है तो ठीक है।' इतना कहकर चुपके से उठकर वहाँ से अपने कमरे में चला गया।

दो-तीन दिन तक प्रकाश की परिवार के सदस्यों से बोल-चाल कम हो गई। अगले इतवार को रमेश को दिल्ली जाना है। अभी चार दिन शेष हैं। वह इसी उधेड़-बुन में पड़ा रहता कि गाँव से पिण्ड कैसे छूटे? माँ को बेटे का इस तरह चुपचाप रहना बिल्कुल अच्छा नहीं लग रहा था।

अगले दिन माँ ने प्रकाश से कहा, 'बेटा! तू दिल्ली जाना चाहता है, अच्छी बात है। तेरे बाबू जी भी तुझे रोक तो नहीं रहे हैं, वे तो समझा रहे थे। बेटा शान्ति का भी विवाह तय होना है। इसी चिन्ता में घुले जा रहे हैं।'

मोहन को शहर में डाक्टरी पढ़ाई का खर्च भेजना, तुम्हारी पढ़ाई और अभी तक शान्ति भी पढ़ ही रही है। परिवार का खर्च और सुख-दुःख और एक पेंशन कितना चला पायेगी बेटा गृहस्थी? इसलिए तुझे समझा रहे थे।'

प्रकाश ने माँ को विश्वास दिलाते हुए कहा, 'माँ! मुझे भी

इन सभी चिन्ताओं का भली भांति आभास है, किन्तु मेरे हाथ बंधे हुए हैं। मैं चाहकर भी कुछ नहीं कर पा रहा हूँ। मेरे सारे संगी साथी यहाँ तक कि उम्र में मुझसे कई बरस छोटे भी, नौकरी कर गुजर-बसर कर रहे हैं और मैं यूँ ही निठल्ला कब तक पड़ा रहूँगा यहाँ। यही सोचकर दिल्ली जाने की ठानी है।'

इसी बीच बाबू जी व शान्ति भी आ गई और सबने तय कर लिया कि आने वाले इतवार को प्रकाश भी रमेश के साथ दिल्ली जाएगा।

समय किसी की प्रतीक्षा नहीं करता, वक्त किसी के थामे नहीं थमता। घर में अब तीन ही सदस्य थे। बाबू जी, माँ व शान्ति। शान्ति खूब मन लगाकर कार्य करती और सदा सन्तुष्ट रहती। घर गांव में सभी उसके विनम्र व्यवहार का उदाहरण देते न थकते थे। किसी ने आज तक उसे जोर से हँसते नहीं सुना। पलकें झुकाकर चलती। पढ़ने में बहुत अच्छी नहीं थी, तो बुरी भी नहीं थी।

माँ को शान्ति के विवाह की चिन्ता सताने लगी थी दिन-प्रतिदिन। स्वास्थ्य पहले से खराब ही रहता था। अक्सर माँ सोचती थी कि यदि शान्ति की शादी हो गई तो फिर कौन देगा उन्हें पानी? इकलौता लड़का है। वह भी दिल्ली में रहता है। विवाह अभी लड़की का ही नहीं हुआ है, लड़के का तो बाद में ही होगा।

बाबू जी शान्ति के लिए अच्छे लड़के की तलाश में पण्डित जी से मिलकर दिनरात एक किए हुए थे। किन्तु सफलता नहीं मिल पायी थी। कहीं घर अच्छा होता तो लड़के पर आकर मन अटक जाता। कहीं कुछ तो कहीं कुछ और फिर एक दिन गोपाल दत्त एक रिश्ता लाया दूर के एक गाँव का।

औसत पढ़ा-लिखा लड़का था, माँ उसकी नहीं थी। खाता-पीता घर। कोई परेशानी नहीं। जन्मकुण्डली का मिलान किया गया। ग्रह-नक्षत्र देखे गये। प्रत्येक दृष्टि से रिश्ता उचित जान पड़ता था। शंकर दत्त को बात लगभग जंच गई थी। उन्होंने प्रकाश की माँ से

चर्चा करने के बाद गोपाल दत्त को निर्णय बताने का आश्वासन दिया।

गोपाल दत्त जाते-जाते बोल गया था 'दाज्यू, जल्दी सोच लेना। ऐसा घर-वर फिर नहीं मिलेगा।' कहता 'भाग्य, भविष्य व भगवान किसने देखा? दाज्यू वह विधि का विधान है, सब अपनी किस्मत का लेखा है।'

शंकर दत्त ने प्रकाश की माँ से इस रिश्ते के बारे में बहुत देर तक चर्चा की। माँ चाहती थी कि लड़का रोजगार वाला होना चाहिए। शंकर दत्त प्रत्युत्तर में दलील देते हुए कहते कि घर का अकेला लड़का है। गाड़ी चलाता है, क्या कमी है उसके लिए? जो है सब उसी का तो है। माँ का तर्क था कि उनका लड़का भी तो अकेला है, फिर भी नौकरी की तलाश में गया है घर छोड़कर।

लम्बे तर्क-वितर्क के बाद माँ राजी हो गई इस रिश्ते के लिए। शंकर दत्त ने प्रकाश की माँ से कहकर शान्ति की भी राय लेने के लिये कहा। उन्हें पता था कि उनकी लड़की 'गऊ' है, कहेगी कुछ नहीं, चाहे जिस खूंटे से भी बाँध दो। माँ के पूछने पर शान्ति ने सिर्फ इतना कहा कि 'आप माँ-बाप हैं, जो करेंगे अच्छा ही करेंगे' और वहाँ से उठकर चली गई।

चार पाँच दिन बाद शंकर दत्त गोपाल के घर गये और इस रिश्ते के लिये अपनी सहमति जता-दी। आने वाले बुधवार को लड़के के घर आगे की बातचीत हेतु जाने का निर्णय लिया।

लगभग साठ किमी॰ दूर तक जीप से तथा दो मील पैदल चलने के बाद शंकर दत्त गोपाल के साथ लड़के के घर पहुँचे। सेवानिवृत्त सूबेदार सोमेश चन्द्र ने उनका गर्म जोशी से स्वागत किया। लड़का भी खातिरदारी में लगा था। घर में माँ थी नहीं, कोई और भाई बहिन भी नहीं थे, इसलिए सारे कार्य दोनों बाप-बेटा मिलकर ही करते थे।

दोनों सेवानिवृत्त फौजी देर रात तक बैठकर अपने-अपने

फौजी जीवन की चर्चा करते रहे। गोपाल दत्त बीच-बीच में हाँ-हाँ करता जाता। आज की भोजन व्यवस्था के लिए पड़ोस की चाची से कहा गया था। भोजन के बाद मुख्य विषय तक आते-आते रात के दस बज गये थे। दोनों फौजी थे लिहाजा दो-दो पैग भी चढ़ा ली थी और फिर दोनों गपशप में मशगूल हो गये थे।

गोपाल दत्त फौज की शराब के दो पैग भी नहीं झेल पाया, तो उसे आराम करने को कहा गया। शंकर दत्त और सोमेश चन्द्र भावी समधि बनने जा रहे थे, इसलिये दोनों में खुलकर बातें हुई। आखिर में तय हुआ कि पन्द्रह दिन बाद लड़का-लड़की एक दूसरे से परिचित होकर अपनी-अपनी सहमति व्यक्त कर दें। लड़का अपने मामा के साथ थापला जाएगा।

सारी बातचीत होने के बाद सुबह शंकर दत्त और गोपाल ने सोमेश चंद्र से विदा ली और अपने गाँव लौट आए।

रास्ते में गोपाल दत्त कह रहा था, 'दाज्यू कल तो थ्री एक्स रम ऐसी चढ़ी कि सुबह ही आँख खुली। घर में मत बताना, नहीं तो कहेंगे कि वहाँ सोने गये थे या शादी की बात करने। क्या बात हुई? पक्की हो गई?'

शंकर दत्त बोले, 'अभी लड़का-लड़की एक दूसरे को देख लें, फिर दिन, माह, वार तय किया जायेगा। सूबेदार मुझे अच्छा आदमी लगा। साफ बोलता है। घरवाली है नहीं बेचारे की, इसलिये घरबार सम्भालने वाली बहू चाहिए।'

घर पहुँचकर शंकर दत्त ने अपनी पत्नी को सारी बातें विस्तार से बतायी। शान्ति रसोई में काम करते हुए सब सुन रही थी। धड़कन बढ़ जाती थी इस घर से विदाई के नाम पर। नया घर, परिवेश, परिवार, पति और भी न जाने क्या-क्या। रेडियो पर उत्तरायण कार्यक्रम में बज रहे लोकगीत के मीठे बोलों के बीच वह सोच में डूब गयी थी...।

'घुघुती घुरौंण लागी मेरा मैत की,

बौड़ी-बौड़ी ऐगे ऋतु-ऋतु चैत की...।'

शान्ति सोचती कि जाने कैसी प्रवृत्ति के व्यक्ति से पल्ला पड़ेगा? उसका स्वभाव कैसा होगा? वहाँ घर में कोई दूसरी महिला भी तो नहीं है, पर पड़ोस में तो होगी? लेकिन पड़ोस तो पड़ोस है, घर का सदस्य घर का होता है। फिर घड़ी भर बाद सोचती कि अभी कौन सा निश्चित हुआ है। देखने-सुनने के लिए आने वाले हैं पता नहीं पसंद करें या न करें? जब वहीं मुझे पंसद न आये तब। खैर यह तो माँ-बाबू जी का फैसला है, जो उसे शिरोधार्य है। मेरे लिए बुरा थोड़े ही सोचेंगें।

माँ ने आवाज दी 'शान्ति! खाना बन गया इजा'?

'हाँ माँ जी आइये।'

इस बीच शान्ति के रिश्ते की बात उसकी सहेलियों के कानों तक पहुँच चुकी थी और मौका मिलने पर वे उससे चुहलबाजी करने से नहीं चूकती थीं। शान्ति बस मुस्करा भर देती। किसी प्रकार का विरोध नहीं करती।

जब कुछ चंचल सहेलियाँ अधिक छेड़ती, तब उनकी ओर बड़ी-बड़ी आँखें घुमाकर बनावटी क्रोध मात्र प्रकट करती। सखी-सहेलियां थीं कि घास काटने, लकड़ी लाने, पानी लेने या ढोर-डंगर चराने कहीं भी शान्ति को चिढ़ाने में नहीं चूकती थीं और कहतीं, 'तुझे ऐसा पति मिलेगा जो खूब बातूनी होगा। जिसकी बकबक सुनकर तेरा सिरदर्द हो जाएगा। ये बड़ी-बड़ी काली-काली आँखें उसी को दिखाना।' कुछ नई नवेली भाभियाँ भी सखियों के साथ हाँ में हाँ मिलाते हुए शान्ति को छेड़ती रहती थीं।

किन्तु सभी सहेलियां शान्ति के सरल स्वभाव से परिचित नहीं थी। उनमें खूब घुटती थी। सखियाँ कहती थी शान्ति ससुराल जाकर हमें भूल मत जाना। कभी चिट्ठी पत्तरी में हमें भी याद कर लेना। शान्ति कहती, 'तुम क्या हमेशा यहीं बैठी रहोगी, जाना तो तुम्हें भी होगा।'

इसी हँसी खुशी के माहौल में पन्द्रह दिन जाने कब बीत गये। शान्ति को पता ही नहीं चला। कल शान्ति को देखने के लिए हरिकृष्ण अपने मामा के साथ आने वाला है। गाँव की सखियाँ आज शान्ति के बिना ही घास लेने चली गई। वे आज गाँव आने वाले रास्ते की तरफ गयी हैं ताकि शान्ति के होने वाले पति को देख सकें।

दो अजनबी जंगल के रास्ते से चले आ रहे हैं। रास्ते में घसेरियों से थापला गाँव का रास्ता पूछते हैं।

एक सहेली ने जिज्ञासावश पूछ ही लिया 'आपको किसके घर जाना है?'

'श्री शंकर दत्त जी के घर।'

'अच्छा...हाँ...हाँ यही है। सीधे चले जाइये, पंचायत घर से बाँये मुड़कर मालटा के पेड़ों के पास ही बड़ा लेन्टर वाला मकान है उनका।'

और सहेलियाँ कानाफूसी में व्यस्त हो गयी, 'अरे पीछे वाला ही होगा हरिकृष्ण, हाँ...।'

सायंकाल हरिकृष्ण और उसके मामा शंकर दत्त के घर पहुँचे। शंकर दत्त के घर में उनकी खूब आवभगत हुई। हरिकृष्ण को शान्ति पसन्द आई, परन्तु शान्ति ने तो सामने नजर उठाकर भी नहीं देखा। बस हरिकृष्ण की बातों का उत्तर गर्दन झुकाए हुए सिर हिलाकर हाँ, ना में देती रही।

देर रात उसकी माँ ने पूछा 'ईजा, तुझे लड़का पसंद है'? शान्ति बोली 'मैंने तो देखा नहीं।' माँ ने कहा 'सुबह तक देख भी लेना।' प्रातः जीने की बाड़ में शान्ति ने कनखियों से हरिकृष्ण के दर्शन किये तथा मन ही मन अपना भाग्य मान बैठी कि जो ईश्वर देव को मंजूर होगा और वहाँ से हट गई। सुबह चाय नाश्ते के बाद हरिकृष्ण अपने मामा के साथ प्रसन्न मन से विदा लेकर अपने घर की ओर चल पड़ा।

ब्याह की तिथि तय हो गई। शंकर दत्त मन ही मन बुदबुदाते हैं, 'सारी तैयारियाँ करनी हैं। प्रकाश को दिल्ली गये अभी छः महीने ही तो हुए हैं। पता नहीं उसे छुट्टी मिलती है कि नहीं। प्रकाश को शान्ति के ब्याह की सूचना जब पत्र द्वारा प्राप्त हुई, तो अधिकारी से बहुत निवेदन के बाद उसे दस दिन की छुट्टी मिल पाई। वह अपने बाबू जी का हाथ आर्थिक रूप से तो नहीं बँटा पाया लेकिन दौड़ धूप तो सारी उसे ही करनी है।

तीन गांवों में न्योता देना, शादी का सामान और रसद जुटाना। घर की साफ-सफाई, आने वालों की आवभगत। वह तड़के सुबह उठ जाता और देर रात ग्यारह-बारह बजे सोता। पिछले चार-पाँच दिनों से उसकी यही दिनचर्या थी। माँ कहती बेटा थोड़ा सुस्ता ले, आराम कर, कहीं बीमार पड़ गया तब, पर प्रकाश माँ को हाँ-हाँ कहता रहता। ब्याह की तिथि ज्यों-ज्यों निकट आती जा रही थी, उसकी दौड़-भाग बढ़ती जा रही थी। मेहमानों का आना शुरू हो गया।

शंकर दत्त अपने चौक में कुछ बुजुर्गों के साथ चौपाल में बैठे हुक्का गुड़गुड़ा रहे हैं। तभी उनके एक साथी ने कहा 'भुला शंकर शान्ति की शादी के बाद घर गृहस्थी कैसे चलेगी तेरी? प्रकाश की माँ बीमार अधिक रहती है। अब तक शान्ति ने सम्भाला था, प्रकाश तो फिर दिल्ली चला जायेगा।'

शंकर दत्त ने हुक्का उनकी ओर बढ़ाते हुए कहा 'दाज्यू लड़की को ससुराल जाना ही होता है, यह दुनिया की रस्म है। मैं भी इसी चिन्ता में झुलसा जा रहा हूँ कि शान्ति के जाने के बाद क्या होगा? आज तक उसके ब्याह की चिन्ता थी, अब दूसरी चिन्ता लग गई है। सोचता हूँ जल्दी ही प्रकाश का ब्याह भी कर दूँ। मोहन डाक्टरी की पढ़ाई करके आ जाए बस। वैसे भी अब समय ही कितना बचा है...सात-आठ महीने में उसकी डाक्टरी भी पूरी हो जाएगी।'

दूसरे साथी ने हुक्का गुड़गुड़ाते हुये कहा, 'सात-आठ महीने बाद तुरन्त व्यवस्था हो जायेगी क्या? अभी से जुट जाओ। प्रकाश के लिए कहीं लड़की देखने लगो। सोच लो भाई, नहीं तो ढोर डंगर बेचने पड़ेंगें। खेती बाड़ी भी दूसरों को सौंपनी पड़ेगी।'

उन्हीं के बीच बैठे गोपाल दत्त बोल पड़े, 'पहले सामने वाला कार्य तो निभ जाये, तब और काम भी होते रहेंगे। दाज्यू मोहन के आते ही आपके सारे कष्ट छू मंतर हो जाएँगे।' इतने में सबके लिए चाय आ गई। शान्ति थाली में चाय के गिलास सबके आगे घुमाती हुई निकल गई।

तय तारीख को बारात के स्वागत के लिए सुबह से ही गाँव के लोग जुट गए थे। बारात की अगवानी गाँववालों ने परम्परागत रीत भाव से की। सभ्य बारातियों के बीच कुछ झांजी भी थे। गाँववालों ने सभी का बड़े आदर-सत्कार के साथ स्वागत किया।

हरिकृष्ण के पिता उत्साह भाव से लोगों से मिलते तथा कन्या पक्ष के सत्कार से प्रसन्न और सन्तुष्ट लगते थे। रात को शुभलग्नानुसार हरिकृष्ण एवं शान्ति का पाणिग्रहण संस्कार सम्पन्न हो गया।

प्रातः विदाई की बेला भी आ गयी। सबकी पलकें भीगी थीं। शान्ति खूब रोई। साथ ही माँ-बाबू जी तथा भैजी, सखी-सहेलियों, पड़ोसियों को भी खूब रुला गई।

शान्ति के ससुराल जाने के बाद बाबू जी को लगता था कि जैसे चारों ओर सूना सूना सा हो गया है। जैसे सांय-सांय की आवाजें आ रही हों। कितनी गुणवान तथा आज्ञाकारी थी उनकी लाड़ली। माँ तो मानों एकदम असहाय ही हो गई थी।

प्रकाश सोच में पड़ गया था कि उसके बूढ़े माँ-बाप की देख-रेख अब कौन करेगा? मोहन दा शहर में और स्वयं वह दिल्ली में। दो दिन बाद वापस भी जाना है। घर की समस्याएँ एक-एक कर उसके मानस पटल पर आ रही थीं। छुट्टियाँ खत्म हो जाने के कारण शान्ति के 'द्वारबाट' से पूर्व ही प्रकाश दिल्ली

लौट गया।

दिल्ली लौट कर भी बेचैन था वह। हर पल घर की चिंता सताती। आज तक तो उसकी बहन ने भाई के समान दायित्व निभाया था, अब आगे क्या होगा? यही सोचते-सोचते उसका काम में भी मन नहीं लग रहा था।

शान्ति सुहागन के जोड़े में एक सप्ताह बाद मायके आई। माँ से लिपटकर रोई। आते ही माँ ने पूछा, 'इजा ससुराल में सब ठीक तो है न? शान्ति ने हामी भरते हुए सिर हिलाया। बाबू जी की आँखों में आँसू डबडबा आए। आवाज कंपकंपाने लगी थी। उन्होंने बेटी को गले लगाकर अपने मन को शांत किया। इस तरह दो तीन दिन रहने के बाद शान्ति फिर ससुराल लौट गई अपने माँ-बाप की चिन्ता मन में लिए।

भगवान ने भी लड़की को क्या भाव दिए हैं। एक घर से दूसरे घर में जाकर सामंजस्य बिठाना, सबको प्रसन्न रखना, लोगों की अपेक्षाओं पर खरा उतरना। वह सबके लिए नई और सब उसके लिए नए हैं। अनजाना परिवेश, परिवार, लोग, व्यवहार, दिनचर्या, परन्तु सब समझना पड़ेगा और सामंजस्य बनाना होगा। यही दुनिया का दस्तूर है। माँ बाबूजी की समय समय दी गई इन्हीं नसीहतों को मन में रखकर शान्ति ने अपनी जिम्मेदारी संभाल ली थी।

शान्ति के आने के बाद सूबेदार सोमेश चन्द्र के घर की रौनक बढ़ गयी थी। शान्ति ने अपने कार्य व्यवहार से सभी का मन मोह लिया था। कार्य कुशल और व्यवहार कुशल तो वह पहले से ही थी। यहाँ उस में कुशल प्रबन्धन का गुण भी विकसित होता जा रहा था।

पति हरिकृष्ण दिन भर टैक्सी चलाता और शाम को दिन भर की कमाई शान्ति को सौंप देता। ससुर जी घर की चाबी पहले ही बहू को सौंप कर चिन्तामुक्त हो गये थे। उन्हें कभी-कभी अपनी पत्नी की याद आती, तो सोचते कि आज हरिकृष्ण की माँ जीवित

होती तो कितना खुश होती शान्ति जैसी बहू को देखकर।

हरिकृष्ण एवं शान्ति की गृहस्थी वक्त के पहिये के साथ धीरे-धीरे बढ़ने लगी। शान्ति ने अपने मायके के कार्यानुभवों से ससुराल को संवार दिया था। कभी-कभी, पति-पत्नी में खट्टी-मीठी झड़प भी होती पर अधिक देर तक तनातनी नहीं रहती। कड़वी-कसैली बातें शान्ति आसानी से पचा जाती। चेहरे पर एक शिकन भी नहीं दिखती थी उसकी। दिन प्रसन्नतापूर्वक व्यतीत होने लगे पर उसे जब अपने माता-पिता की याद आती तो घंटों तक चिन्तित हो जाती।

उधर डाक्टरी की पढ़ाई कर रहा मोहन भी अपनी मंजिल पाने के करीब था। मोहन की बचपन से एक ही प्रबल इच्छा थी कि वह डाक्टर बनकर दूरस्थ ग्रामीण इलाकों में सेवा करे। गाँव के जन-जीवन के दुःख-दर्द को उसने निकटता से देखा, भोगा और जाना था। सचमुच कितनी कठिन जिन्दगी है पहाड़ के गांवों की, कितने जीवट वाले होते हैं वहाँ के रहने वाले। अभावों में पलना मानों उसकी नियति हो। उसे बचपन से ही लगता था कि गाँव में स्वास्थ सुविधाएँ एवं अन्य प्राथमिक सुविधाएँ न होने के कारण ही लोग शहरों में पलायन करते जा रहे हैं। उसकी यह धारणा उत्तरोत्तर बलवती होती चली जा रही थी।

उसे उन दिनों की याद ताजा हो जाती थी जबसे उसने होश सम्भाला था। लोगों से अक्सर सुना करता था कि यदि कहीं दूर कोई अस्पताल है, तो डाक्टर नहीं हैं और डाक्टर है तो दवाएँ नहीं।

इसी वेदना को हृदय में लिए उसकी दृढ़ इच्छाशक्ति ने उसे डाक्टरी की शिक्षा को इस मंजिल तक पहुँचाया था। मोहन अपने अभावमय अतीत को आज भी नहीं भूला था। आज उसके सामने आगे बढ़ने के एक से बढ़कर एक अच्छे विकल्प थे, फिर भी वह अपने चाचा शंकर दत्त से प्राप्त संस्कारों की छाया को सीने से

लगाए हुए था।

डाक्टरी का कोर्स करते हुए अनेक सहपाठियों के साथ आधुनिक वातावरण, शहरी आकर्षण, विदेश जाने जैसी अनेक चर्चाओं के बाद भी मोहन इस विचार पर अटल था कि उसके अपने कार्यक्षेत्र का लक्ष्य ग्रामीण जीवन ही रहेगा।

आखिर वह सुखद घड़ी आ ही गयी। आज मेडिकल कालेज का दीक्षान्त समारोह होना है। अन्तिम वर्ष के छात्रों को आज उपाधि प्रदान की जाएँगी। कालेज में उत्सव का सा वातावरण है। सभी को प्रतीक्षा है कार्यक्रम के प्रारम्भ होने की। सभागार खचाखच भरा हुआ है।

नये प्रशिक्षुओं के साथ प्रोफेसर, प्रवक्ता, कुछ अभिभावक और वरिष्ठ छात्र-प्रशिक्षार्थी सभी मुख्य अतिथि वक्ता प्रसिद्ध वैज्ञानिक प्रो॰ शकील अहमद अंसारी को सुनने के लिए आतुर थे। चिकित्सा विज्ञान में प्रो॰ अंसारी एक विश्वविख्यात नाम था जिन्होंने यूरोलोजी के क्षेत्र में एक नई खोज करके क्रान्ति ला दी थी।

छोटे से ठिगने कद के प्रो॰ अंसारी जब मंच की ओर छोटे-छोटे कदमों से बढ़े, तो सभागार में बैठे लोगों ने खड़े होकर और मेजें थपथपा कर उनका अभिनन्दन किया। चौड़ा माथा, बड़ा सिर, घुंघराले बाल, आँखों पर पावर का चश्मा, सांवला रंग, मुख मण्डल पर सदाबहार मुस्कान लिए घनी दाढ़ी-मूछों वाला यह शख्स भले ही सामान्य लिबास में ढ़के था, लेकिन अपनी उपलब्धियों से सबके आकर्षण का केन्द्र था।

कार्यक्रम का प्रारम्भ होता है, कालेज के प्राचार्य महोदय के सम्बोधन से...'उपाधि धारण करने वाले प्रशिक्षार्थियों की जिन्दगी में आज के दिन का विशेष महत्व है। आज से आप पूर्ण डाक्टर बनकर जनसेवा के वास्तविक क्षेत्र में पदार्पण करेंगे। मानवता की सेवा ही अब आपका परम धर्म है। आप लोग अपने-अपने

कार्यक्षेत्र में जाकर दीन-दु:खियों, पिछड़ों, मुफलिसों, कुचलों की सेवा कर अपनी पढ़ाई को सार्थक करेंगे। समाज में डाक्टर को भगवान का रूप माना जाता है। मरीज डाक्टर के मधुर व्यवहार से ही आधा स्वस्थ हो जाता है। मैं भी आपसे यही आशा करता हूँ कि सिद्धान्त की परिधि से बाहर निकलकर आप लोग जब व्यवहार के ठोस धरातल पर कदम रखेंगे, तो अपने आदर्शों का त्याग नहीं करेंगे तथा जनाकांक्षाओं पर खरा उतरेंगे।

लोग आशाभरी नजरों से डाक्टर की ओर देखते हैं। मुझे आशा ही नहीं पूर्ण विश्वास है कि आप लोगों को कभी निराश नहीं करेंगे तथा सर्वदा इस बात को याद रखेंगे कि समाज सेवा ही आपका एकमात्र प्रथम और अन्तिम परम धर्म है। देश, काल, धर्म, सम्प्रदाय, जाति, वर्ग, ऊँच-नीच, अमीर-गरीब, शान्तिकाल-युद्धकाल, मित्र-शत्रु और मजहब की सभी सीमाओं से ऊपर-उठकर मानवता की सेवा ही आपका उद्देश्य होगा...। धन्यवाद!'

संचालक माइक सम्भालते हुए...'उपस्थित सुधीजनों! अब मैं अपने कालेज के एक ऐसे होनहार डाक्टर को आमन्त्रित करने जा रहा हूँ, जिसने प्रशिक्षण की अवधि में दो दर्जन से अधिक शोध पत्र एकल या ख्यातिलब्ध वैज्ञानिकों के साथ अन्तर्राष्ट्रीय एवं राष्ट्रीय चिकित्सा जगत को प्रदान किए हैं। कालेज की सभी प्रशिक्षणेत्तर गतिविधियों में जिसने हमेशा बढ़चढ़कर भाग लिया है तथा इन सबसे बढ़कर जिसे इस सत्र में स्वर्ण पदक के श्रेष्ठ सम्मान से विभूषित किया जा रहा है।'

संचालक धाराप्रवाह बोले जा रहा था, 'उनको प्रदान किये जाने वाले स्वर्ण पदक का महत्व तब और बढ़ जाता है, जबकि उनके द्वारा प्राप्त किये गये कुल अंक एक कीर्तिमान हैं जो अब तक इस संस्था से उत्तीर्ण होने वाले किसी भी प्रशिक्षार्थी को प्राप्त नहीं हो पाए हैं। अपनी कर्तव्यनिष्ठा, लगन और परिश्रम के कारण विगत, पाँच वर्षों से सबका मन मोहने में सफल रहे हैं। आपके

सामने आ रहे हैं...डॉ० मोहन।'

सारा सभागार जोरदार करतल ध्वनि से मोहन का स्वागत करने लगा। मोहन मुस्कराता हुआ अपने चिर-परिचित अंदाज में अपने साथियों के मध्य से उठकर मंच पर पहुँचा। तालियाँ थीं कि थमने का नाम ही नहीं लेती थीं। मोहन मुख्य अतिथि से उपाधि और स्वर्ण पदक प्राप्त करता है तथा अपने नामानुरूप सबको अपनी विनम्रता से मोह लेता है। सादगी की प्रतिमूर्ति सरल हृदय मोहन ने सभा को सम्बोधित करते हुये कहा,

'प्रातः स्मरणीय श्रद्धेय गुरुजन एवं जागरूक प्रिय साथियों! आज मेरे बचपन का सपना साकार हुआ है। अब वह दिन आ गया है जब मैं दूर-दराज के पहाड़ी ग्राम्यांचलों में जाकर असहाय और गरीब लोगों की सेवा का सुअवसर प्राप्त कर सकूँगा। जहाँ अभी भी प्राथमिक सुविधाएँ नहीं हैं। शिक्षा, स्वास्थ्य, सड़क और स्वच्छ पेयजल के मामले में लोग शताब्दियों पीछे हैं। किन्तु वहाँ के लोग भोले हैं, सरल हैं, सरस हैं, सहज तथा निष्कपट भी हैं।'

डाक्टर मोहन कहे जा रहा था, 'वास्तव में भौतिकवादी चकाचौंध से दूर ऐसे नैसर्गिक स्वस्थ वातावरण में कार्य करने का परम आत्मिक आनन्द है। मुझे समझ नहीं आता कि क्यों लोग नगरों की ओर भागे जा रहे हैं। धुआँ, धूल, धक्के, प्रदूषण, कोलाहल, कृत्रिम सम्बंध, कृत्रिम भोजन, कृत्रिम व्यवहार और भी न जाने क्या-क्या कृत्रिम ही तो है।'

बीच बीच में तालियों की गड़गड़ाहट के बीच मोहन का सम्बोधन जारी था, 'ऐसा नहीं कि शहरों में बुराइयाँ ही बुराइयाँ हैं, पर मैं समझता हूँ कि ग्रामीण पहाड़ी क्षेत्रों में डाक्टरों की शून्यता को भरने का कार्य हम नौजवान नहीं करेंगे तो भला कौन करेगा? आज के इस पावन अवसर पर इस पुनीत मंच से मेरा आप सभी सज्जनों एवं देवियों से निवेदन होगा कि आप भी अपना कर्तव्य-क्षेत्र उन स्थानों को चुनें जो प्राथमिक स्वास्थ्य सेवाओं की सुविधा की

दृष्टि से वंचित हैं, जहाँ डाक्टर के अभाव में लोग असमय ही काल कवलित हो जाते हैं। ऐसे स्थानों पर कार्य करके ही हमारा जीवन वास्तविक रूप से सफल होगा। जय हिन्द, जय उत्तराखण्ड!'

डाक्टर मोहन के तर्कपूर्ण सम्बोधन से प्रभावित पूरा हॉल बहुत देर तक तालियों की गड़गड़ाहट और मेजों की थपथपाहट से गुंजायमान रहा।

दीक्षान्त समारोह के मुख्य अतिथि प्रो॰ शकील अहमद अंसारी ने भी अपने भाषण का केन्द्र मोहन के विचारों से जोड़कर छात्रों को प्रोत्साहित करते हुये कहा, 'आज देश से प्रतिभा का पलायन हो रहा है। सरकार डाक्टरों और इंजीनियरों की प्रशिक्षण प्रक्रिया में अपनी पूरी ताकत झोंक देती है, परन्तु जब वही ज्ञान अपने देश को सजाने सवांरने के काम नहीं आता, तब बहुत दुःख होता है। उच्चस्तरीय प्रतिभाओं की मातृभूमि के प्रति मोहभंग की स्थिति गंभीर चिंता एवं चिन्तन का विषय है। मुझे भी युवा अवस्था में ब्रिटेन, अमेरिका, जर्मनी, रूस आदि कई धनी देशों से आकर्षक प्रस्ताव आए, किन्तु मैंने भारत में ही रहकर कार्य करने का फैसला ले लिया। आज मुझे अत्यधिक प्रसन्नता हुई डाक्टर मोहन के विचारों को सुनकर, जिन्होंने दूरस्थ ग्रामीण पर्वतीय क्षेत्रों को प्राथमिकता दी है।'

डॉ॰ अंसारी धाराप्रवाह बोले जा रहे थे, 'आप गाँवों में रहकर भी नोबल प्राइज प्राप्त कर सकते हैं। इंशाअल्ला आज अपना मुल्क भी दिन–दूनी रात चौगुनी उन्नति कर रहा है। जल्दी ही हम विश्वगुरु की उस पदवी को पुनः प्राप्त करेंगे। गाँधी जी ने कहा था कि भारत की आत्मा गाँवों में बसती है। हमारी ज्यादातर अवाम आज भी उन सुविधाओं से महरूम है जो उसे बीस वर्ष पहले मिल जानी चाहिए थीं।'

मुख्य अतिथि का सम्बोधन जारी था, 'हमारी कृषि व्यवस्था पशु पर आधारित, अर्थ व्यवस्था का आधार ही गाँव है। गाँवों से

बढ़ता पलायन शहरों को विकृत बना देता है। गांव उजड़ रहे हैं और शहर सिकुड़ रहे हैं। बुद्ध, नानक, गांधी, हमीद के इस मुल्क को आज पुनः विवेकानन्द जैसे नवयुवकों की भारी जमात की आवश्यकता है। भारत माँ के चरणों में हँसते-हँसते शीश नवाने वाले उस अशफाक उल्ला, भगत सिंह, राजगुरु के समान जज्बे की आवश्कता है जो मुल्क के लिए कुर्बान हो गए।'

प्रो॰ अंसारी बोले जा रहे थे, 'हमारी गंगा-जमुनी मजहबी संस्कृति में सुधार व समर्पण के लिए कोई बाहरी शख्स नहीं आएगा। आप ही को आगे आना होगा। आज प्रासंगिक हो गया है कि मोहन के जैसे विचारों का प्रचार-प्रसार पूरे देश में हो। पैसा ही सब कुछ नहीं है। आइये, हिन्द की सेवा में बेतकल्लुफ होकर जुट जाइए। खुदा ने चाहा तो हम शीघ्र ही पूरी दुनिया के सरताज होंगे। हम हैं कि योग से भोग की ओर भागे जा रहे हैं। मैं हजरते इकबाल की इस शायरी के साथ अपनी बात को समाप्त करता हूँ कि-

चूँ मौज साजे साजूद वजूदम जे सैल बेपखास्त,
गुयां भवर की दरी बर साहिले जोयम।

अर्थात 'तरंग की भांति मेरे जीवन की तरी भी प्रवाह की ओर से बेपरवाह है, यह न सोचो कि इस समुद्र में मैं किनारा ढूँढ रहा हूँ।, जय हिन्द, जय भारत'।

इस तरह मेडिकल कालेज का दीक्षान्त समारोह सम्पन्न हुआ। जलपान के समय प्रो॰ अंसारी और डा॰ मोहन के मध्य कुछ शिष्टाचार की बातें हुई। प्रोफेसर ने मोहन को प्रत्येक वह सहायता देने का वचन दिया, जिससे राष्ट्रोत्थान होता हो।

जिस तरह सिपाही जंग जीतकर आनन्दपूर्वक विश्राम करता है, किसान अपने अनाज को खेतों से बटोरकर भण्डार में रखकर सुख का अनुभव करता है, ठीक उसी तरह मोहन भी आज डिग्री प्राप्त करने के बाद छात्रावास के अपने कमरे में चारपाई पर लेटा खुली खिड़की से नीले आसमान में पंछियों के उड़ते झुंड को

देखकर आनन्द का अनुभव कर रहा है।

भविष्य की चादर बुनते-बुनते न जाने कब आँख लग गई। सपने में अपने पिताजी के दर्शन करता है जो उसे आशीर्वाद दे रहे हैं। 'बेटा मोहन। बेसहारों का सहारा बनना, गरीबों की सेवा करना और अपने अतीत को कभी न भूलना।'

सहसा सपना टूटता है। सोचता है एक-डेढ महीने में घर जाना ही है, पत्र क्या लिखूँ, नहीं चाचा जी को पत्र अवश्य लिखना चाहिए। पलक बिछाए बैठे होंगे पत्र की प्रतीक्षा में, मेरा इंतजार भी हो रहा होगा। दो ही तो प्राणी हैं अब घर में, शान्ति ससुराल चली गई। प्रकाश भी दिल्ली, नौकरी ढूंढ़ने गया होगा।

कितनी आशाएँ हैं उन्हें मोहन पर लेकिन मोहन शान्ति की शादी में नहीं जा पाया। उन दिनों फाइनल इम्तहान जो थे उसके। जो भी हो, अब उसके घर पहुंचने पर चाचा जी को कितनी प्रसन्नता होगी। उसे डाक्टर के लिबास में देखकर, गर्व के साथ लोगों को कहेंगे, 'देखो हमारा मोहन डाक्टर बन गया है।' गाँव के लोग बधाई देने आयेंगे। चाची जी की बूढ़ी आंखों में चमक आ जाएगी। यही सब सोचकर मोहन पत्र लिखने बैठ गया।

'पूजनीय चाचा, चाची जी के चरणविन्दों में मोहन का सष्टांग प्रणाम। आशा है कि आप कुशलपूर्वक होंगे। आपके आशीर्वाद एवं इष्टदेव की कृपा से मैं पूरे कालेज में सर्वाधिक अंकों में उत्तीर्ण हुआ हूँ। मैं डेढ़ एक महीने में घर आ जाऊँगा। अपने स्वास्थ्य का ध्यान रखियेगा। चि॰ प्रकाश भुला के पत्र आते होंगे। सौभाग्यवती बहन शान्ति की कुशल अच्छी होगी।

अन्य बातें आपके दर्शनोपरान्त। घर पड़ोस, गाँव में सभी को पुनः यथायोग्य नमस्काराशीष।'

आपका

मोहन।

मोहन अभी अपने सपने का दृश्य याद कर ही रहा था कि

आज इतने वर्षों बाद सपनों में आकर पिता जी ने बचपन की याद ताजा कर दी। वे भी कैसे दिन थे। एक लम्बी गहरी साँस लेता है। तभी कमरे में उसे किसी के आने का आभास होता है। मोहन ध्यान न देते हुए अनदेखा कर देता है, पर कोई उससे चुहलबाजी करना चाहता है और किसी की नर्म अंगुलिया पीछे से आकर उसकी आँखें ढक लेती हैं।

क्षणभर बाद मोहन कह उठा, 'गीता। डाक्टर बनकर भी तुम्हारा बचपना नहीं गया। गीता खिलखिलाकर हँस पड़ी और मोहन द्वारा लिखे गये पत्र को उठाकर पढ़ने लगी।

'क्यों जनाब। पत्र कहाँ भेजे जा रहे हैं? हमारे रहते हुए ओहोऽऽऽऽ जाने की तैयारी भी हो चुकी है।'

'हाँ गीतू! चाचा जी मेरी प्रतीक्षा कर रहे होंगे। उन्होंने प्राणों की बाजी लगाकर मुझे यहाँ तक पहुंचाया, अन्यथा मैं आज न जाने कहाँ होता?'

'तुम अपने चाचा जी को बहुत चाहते हो?'

'क्यों नहीं।'

'और गाँव में रहने के बारे में क्या ख्याल हैं? आप मंच लम्बी-लम्बी हाँक रहे थे। जानते हो मेरी सहेलियाँ क्या कह रही थीं?'

'मुझे इससे क्या लेना कि मेरे विचारों पर तुम्हारी सहेलियों की क्या प्रतिक्रिया थी?'

'तो सच में तुम गाँव में रहोगे?'

'निश्चित गीतू! गाँव में रहना कोई टेढ़ी खीर नहीं। मैं उन शेख चिल्लियों में नहीं हूँ जो हवा में बातें करते हैं।

'गाँव में रहने का तुम्हारा फैसला आखिरी है?'

'हाँ विचार तो यही है, कल किसने देखा?'

'गाँव में ही क्लीनिक खोलने का कोई और कारण तो नहीं है?' गीता ने शरारत भरी नजरों से कहा।

एक गहरी सांस भरते हुए मोहन बोला, 'नहीं गीतू! तुम नहीं समझ सकती। मेरी जिन्दगी का एक खास मकसद है जो मेरे अभावपूर्ण बचपन से जुड़ा है।'

'तुम पहेलियाँ बहुत बुझाते हो, जरा मैं भी तो जानूँ कि आखिर क्या कारण है जो तुम अपने गाँव और पहाड़ के प्रति इतना समर्पित भाव रखते हो?'

मोहन को अभी भी ठीक से याद है, फिर भी बोला, 'क्या करोगी मेरी दास्तान सुनकर? बारह वर्ष पुरानी बात है, जब मोहन स्कूल से लौट रहा था। आठवीं कक्षा का छात्र था। उसके बाबू जी का स्वास्थ्य दिन प्रतिदिन गिरता ही जा रहा था। मोहन को कुछ नहीं सूझता था। अपने पैरों पर खड़ा होता, तो पिताजी का इलाज करवाता।

वह अपने बाबू जी के इलाज के लिए ओखली में सिर डालने को भी तैयार था, किन्तु खून-पसीना एक करके भी बाबू जी को किसी बड़े डॉक्टर को दिखाना उसके वश में नहीं था। लोग कोरी सहानुभूति दिखाकर किनारा काट लेते थे। उसे एकमात्र आशा अपने चाचा शंकर ही से थी। उसने चाचाजी को पत्र लिख तो दिया था, किन्तु उनकी छुट्टियाँ स्वीकृत होकर आने का निश्चित नहीं था। मोहन हमेशा उसी उधेड़बुन में पड़ा रहता था कि कैसे उसके बाबू जी का उचित इलाज हो।

शंकर चाचा बीस दिन की छुट्टी आए थे। घर आते ही उन्होंने अपने भाई को डाक्टर को दिखाया। डाक्टर ने बाबू जी को टी॰बी॰ बताई थी। कहा था कि एक सप्ताह की दवा लेनी होगी तभी कुछ कहा जा सकता है। सात दिन बाद दिखाने को कहा था।

किन्तु नियति कुछ और ही खेल, खेल रही थी। एक सप्ताह से पूर्व ही मोहन के बाबू जी का स्वास्थ्य तेजी से गिरने-बिगड़ने लगा था। मोहन को दिन में तारे दीखने लगे। दौड़ दौड़ कर वह घर से पांच मील दूर डाक्टर के आवास पर गया था।

सूर्यास्त हो चुका था, चारों ओर घुप्प अंधेरा छा गया था। बदहवास होकर डाक्टर के दरवाजे पर मोहन ने दस्तक दी थी। थोड़ी देर में नौकर ने किवाड़ खोलकर डाक्टर के घर में उपलब्ध न होने की झूठी बात बोलकर तुरन्त किवाड़ बन्द करने का प्रयास किया था। मोहन कितना गिड़गिड़ाया था नौकर के आगे, तब कहीं जाकर डाक्टर बाहर आया था।

उसने डाक्टर के पाँव पकड़ते हुये एक बार चलकर बाबू जी को देख लेने का आग्रह आशाभरी नजरों से किया था, किन्तु डाक्टर ने देर रात जंगल के रास्ते गाँव जाने व फिर वापिस लौटने में होने वाली कठिनाइयाँ गिनाते हुए आने में असमर्थता व्यक्त कर दी थी। अधिक गिड़गिड़ाने पर उसे दुत्कार कर भगा दिया गया था। मायूस होकर भारी मन से मोहन जब गाँव लौटा तो वही हुआ, जिसका उसे अंदेशा था।

हम दुःख की अवस्था में जब सच्चाई का सामना करते हैं तो दुनिया बड़ी बेदर्द, निदर्यी और स्वार्थी जान पड़ती है। किस्मत में जो लिखा है वह होकर रहता है। कलम का लिखा और कपाल की रेखाएँ भला कौन मिटा सकता है? वक्त अपनी मंथर गति से बढ़ता ही जाता है।

समय घाव तो अवश्य भर देता है, पर निशान छोड़ जाता है, जो मिटाए नहीं मिटते। कोई उड़ता हवा का झोंका आकर उन्हें फिर कुरेद जाता है। यादें ताजी हो आती हैं। किन्तु हाथ पर हाथ रखकर तो नहीं बैठा जा सकता। फूँक-फूँक कर चलने पर भी होनी होकर रहती है। सुख के दिन छू मन्तर, उड़न छू हो जाते हैं, जबकि दुःख की घड़ियाँ सदियों के समान लगती हैं।

छोटी उम्र में बड़ा बोझ जब सिर पर आ जाता है, तब व्यक्ति समय से पहले परिपक्व हो जाता है। मोहन के साथ भी कुछ ऐसा ही हुआ था।

अपने बाबू जी के दाहसंस्कार के समय मोहन ने मन ही मन

निश्चय किया था कि वह भविष्य में डाक्टर ही बनेगा, ताकि किसी और मोहन के बाबू जी फिर कभी डाक्टर के अभाव में इस तरह तड़प-तड़पकर दम न तोड़ दें।'

मोहन ने गीता को संक्षेप में बताया कि कैसे चाचाजी के प्रयत्नों से उसके डाक्टर बनने का सपना आज पूर्ण हुआ है।

मोहन की मर्म भरी कहानी सुनकर गीता ने सकुचाते हुए कहा 'क्या मैं भी तुम्हारे साथ गाँव चल सकती हूँ? मैं भी तुम्हारे चाचा जी से आशीर्वाद लेना चाहती हूँ। मैं दर्शन करना चाहती हूँ ऐसे देवस्वरूप इंसान के जिनमें इतनी मजबूत इच्छा शक्ति है कि तुम्हें इस पड़ाव तक पहुंचाया।' मोहन ने गीता से सहमति व्यक्त करते हुए कहा कि वह तो इसके लिए तैयार है, किन्तु उसे पहले अपने माता-पिताजी की अनुमति लेनी होगी।

'गीता। एक बात मैं कई दिनों से तुम्हें कहना चाहता हूँ, परन्तु कह नहीं पाया?'

'क्या?'

'सोचता हूँ तुम कहीं कोई और अर्थ न निकाल लो।'

'सोचते ही रहोगे या कुछ कहोगे भी अब?'

'गीता! मैं तुम्हें सदैव अपने पास रखना चाहता हूँ। क्या तुम मुझसे सहमत हो?'

गीता ने स्त्री स्वभाव के अनुरूप पलकें झुकाते हुए कहा , 'इस सहमति के लिए तुम्हें मेरे माँ पिताजी से बात करनी होगी।'

मोहन ने हामी भरते हुए कहा 'बात तो करनी ही पड़ेगी अब।'

गीता को विश्वास था कि उसकी माँ उसे अवश्य ही मोहन के साथ गांव जाने की सहमति के लिए पिताजी से पैरवी करेगी।

गीता अपने माता-पिता की इकलौती सन्तान थी। खूब लाड़-प्यार में पली-बढ़ी थी। अभाव किसे कहते हैं यह उसने कभी नहीं जाना था। किन्तु उसमें विनम्रता एवं समझ का अदभुत संगम था। उसके पिता जी किसी प्राइवेट कम्पनी के निदेशक पद से

सेवानिवृत्त हुए थे।

शहरों का जीवन किस कदर भाग-दौड़ भरा होता है, फिर भी लोग शहरों में ही रहना पसन्द करते हैं। परन्तु गीता के पिताजी इस शहरी जीवन से दुःखी प्रतीत होते थे। एक ही लड़की थी। पढ़ा-लिखाकर डाक्टरी कोर्स करा चुके थे। सोचते थे कि गीता के लिए लड़का वे अपनी इच्छा से नहीं, उसी की सहमति इच्छा से तय करेंगे, माँ-बाप को बेटी पर तो बेटी को माँ-बाप पर विश्वास था।

गीता के डाक्टरी कोर्स में जाने के बाद माँ-बाप अकेले रहते थे। बंगले में नौकर चाकर तो थे, फिर भी एक कमी सी रहती थी। गीता यदा-कदा छुट्टियों में घर आती तो साथ में अलग-अलग दोस्तों को साथ लाती, किन्तु वह मोहन को तो हमेशा साथ लाती ही थी, चाहे जिद करनी पड़ती।

एक ही लड़की होने के कारण माँ-बाप की हार्दिक इच्छा थी कि उनका भावी दामाद घर जँवाई बने, परन्तु गीता इन बातों में विश्वास नहीं करती थी। छुट्टियों के मौके पर मोहन और गीता के पिताजी में अक्सर विभिन्न विषयों पर सारगर्भित बहस होती रहती थी।

मोहन सिद्धान्तवादी था, नियम का पक्का, आदर्श एवं यथार्थ के मिश्रित व्यक्तित्व का धनी था। उसकी सादगी, सिद्धान्तप्रियता एवं अपनी जड़ों को न छोड़ने अर्थात् अपने देश अपने गाँव की सौंधी माटी के प्रति उसके विशेष लगाव से गीता के माता-पिता उससे खासे प्रभावित थे।

मोहन को अपने माँ की ममता के आँचल की छाँव की धुधंली याद भी नहीं थी। बाबू जी का साया बचपन में ही उठ गया था। घर में चाची के व्यवहार के समान ही उसे गीता की माँ का व्यवहार भी मृदुल लगता था। गीता का घर अपेक्षाकृत निकट होने और यातायात की सुविधा होने के कारण गीता अक्सर महीने दो

महीने में जब अपने घर जाती, तो उसके आग्रह पर मोहन भी गीता के आग्रह का सम्मान कर, उसके घर चला जाता।

आज मोहन एवं गीता के पिता नरेन्द्र नाथ जी शतरंज की मोहरों की चालों मशगूल हैं। मोहन सफेद मोहरे के साथ खेल रहा है। घंटों व्यतीत हो गए, किन्तु बाजी खत्म होने का नाम नहीं लेती थी। अंत में गीता की माँ श्रीमती आनन्दी देवी की मीठी घुड़की पर बाजी ड्रा कर दी गई।

भोजन के उपरान्त दोनों खिलाड़ियों में महिला जागृति एवं शिक्षा पर बहस छिड़ गई। नरेन्द्र नाथ जी कहते थे कि हमारे देश में महिलाओं ने काफी उन्नति कर ली है। मोहन इसके विरुद्ध ताल ठोंकता था। नरेन्द्र नाथ ने अपनी बात को सही साबित करने के लिए इन्दिरा गांधी से लेकर कल्पना चावला, बछेन्द्री पाल और सानिया मिर्जा तक का जिक्र किया। मोहन बोला, 'आप कहते हैं आज हमारी महिलाओं को समान अधिकार प्राप्त हैं, पंचायत से लेकर अन्तरिक्ष तक।'

'मैं पूछता हूँ कि आपकी उन्नतिमयी दृष्टि उन दूर दराज गांवों पर भी पड़ती है कभी, जहाँ महिलाएँ आजादी के इतने सालों के बाद भी प्राथमिक सुविधाओं के लाभ से वंचित हैं। उनमें एनीमिया, टी॰बी॰ जैसी बीमारियां आम हैं, जो चौबीस में से अट्ठारह घंटे कार्य करती हैं।'

मोहन कहता जा रहा था 'भेदभाव जारी है। स्त्री धरती पर आने से पहले ही नष्ट करने का क्रम अनवरत जारी है। भ्रूण से लेकर कब्र तक उस पर खतरे ही खतरे बने हुए हैं। चंद मुट्ठी भर महिलाओं के आगे बढ़ने या फिर कुर्सी सम्भालने या फिर खेल का मैदान मारने, अन्तरिक्ष में पहुंच जाने या एवरेस्ट चढ़ने से महिलाओं की उन्नति को सर्वांगीण उन्नति नहीं कहा जा सकता है। मैं कम से कम आपकी इस बात से सहमत नहीं हूँ।'

'लेकिन मोहन स्थिति इतनी निराशापूर्ण भी नहीं है।' नरेन्द्र

नाथ ने कहा, 'तुम्हारे तर्क भी अपने स्थान पर ठीक हैं। क्या तुम यह कह सकते हो कि पिछले पचास सालों में हमारे देश में महिलाओं का तनिक भी विकास नहीं हुआ है? उन्हें उनका हक नहीं मिला है? मैं इसे तुम्हारी ज्यादती समझता हूँ बरखुरदार। गाँवों में स्थिति ऐसी हो सकती है, पर विकास और परिवर्तन तो अवश्य हुआ है।'

मोहन नरेन्द्र नाथ जी की बात बीच में काटकर कृत्रिम मुस्कान लाता हुआ दार्शनिक अन्दाज में बोला, 'मैं व्यक्तिगत अपनी या आपकी बात नहीं करता, लेकिन कितना बड़ा विरोधाभास है। हम शहरियों की आंखों में बाजारवाद की चकाचौंध का रंगीन चश्मा चढ़ा है, जिससे हमें वहीं दिखता है जो हमारे मन के भाव हैं।'

मोहन कहे जा रहा था, 'हम सच्चाइयों से मुँह नहीं छिपा सकते। गाँधी जी के इस देश में कभी अस्सी फीसदी जनता गांवों में रहती थी। कृषि-पशु प्रधान इस देश में नारी को देवी मानकर पूजा जाता था। आज की भोगवादी संस्कृति के अन्धानुकरण ने नारी को बाजार की एक वस्तु बना दिया है। आप कहते हैं कि गाँवों में ऐसी स्थिति हो सकती है। मैं आपसे पूछता हूँ महाशय! आपने निराला की वह पक्तियाँ नहीं पढ़ी या सुनी क्या?

"वह तोड़ती पत्थर, देखा मैंने उसे इलाहाबाद के पथ पर।"

'इलाहाबाद कौन सा गाँव है। फिर आपके कार्यालय या फील्ड में कितनी महिला मजदूर थीं। आपकी कम्पनी तो महानगर में स्थित थी। मैं कहता हूँ गाँव एवं शहरों के मध्य सुविधाओं के वितरण में असन्तुलन भी नारी हितों पर कुठाराघात कर रहे हैं। गाँव छोड़कर शहरों में बसे लोगों से अतिरिक्त जनसंख्या का बोझ नगर झेल नहीं पाते। परिणामस्वरूप गन्दी बस्तियों, झुग्गी झोपड़ियों का बेतहाशा निर्माण हो रहा है और अपराध बढ़ रहे है। वहाँ भी नारी केन्द्रित अपराध चरम पर हैं। तब भी आप कहते हैं कि गाँवों

में स्थिति खराब हैं। मैं शहरों में मध्य वर्ग तथा उच्च वर्ग की महिलाओं को भी स्वतंत्रता की सही सीमा में नहीं देखता।'

नरेन्द्रनाथ तपाक से बोल पड़े 'क्यों इसमें भी तुम्हें कुछ गड़बड़ नजर आता है क्या?'

गीता की सहेली, स्वयं गीता और उसकी माँ नरेन्द्रनाथ व मोहन की बहस पर कान लगाए थीं, आखिर बात महिलाओं से सम्बन्धित जो थी। तीनों महिलाएँ अभी तक मोहन के पक्ष में स्वयं को पाती थीं। किन्तु मोहन की शहरी मध्य वर्ग तथा उच्च वर्ग की महिलाओं की व्यक्तिगत स्वतंत्रता पर की गई टिप्पणी से वे सब और चौकन्ने होकर सुनने को तत्पर थी।

आनन्दी देवी बोली, ' तुम यह कैसे कह सकते हो कि शहरों की नारी को भी व्यक्तिगत स्वतन्त्रता उतनी नहीं है जितनी होनी चाहिए?'

मोहन थोड़ा सा मुस्कराता हुआ बोला, 'देखिए माता जी! यह तो आप सभी मानेंगी कि हमारा समाज पुरुष प्रधान है तथा पितृसत्तात्मक पारिवारिक व्यवस्था ही चल रही है, इसलिए जब-जब पुरुष के अहं को महिलाओं से किसी भी प्रकार से कहीं भी चुनौती मिली है, उसने महिलाओं के दमन के नये-नये मार्गों का अन्वेषण किया है। सीता, अग्नि परीक्षा में खरी उतरी थी, लेकिन बताइये फिर क्या हुआ? द्रोपदी को दाँव पर क्यों लगाया गया? आज आप भी पैरवी कर रही हैं।

क्या घरों की दीवारों से निकल कर आने वाली महिलाएँ सार्वजनिक क्षेत्र के पदों, चाहे वह समाज सेवा हो या राजकीय सेवा या फिर राजनीतिक जनप्रतिनिधित्व, अपने पद का निर्वहन के लिए अपने मन से निर्णय ले पाती हैं क्या? यदि हां, तो कितने प्रतिशत? रसोईघर से पंचायत मुखिया तक का उनका सफर किसके रहमोकरम पर फलता-फूलता है? उनके द्वारा लिए गये अधिकांश फैसले वहीं होते हैं, जो उनके पति महाशय चाहते हैं।

उसे माननी पड़ती है पुरुष की बात, अन्यथा दसों लांछन, बेसिर पैर की बातें, क्योंकि चरित्रोत्थान का ठेका तो जैसे महिलाओं ने ही लिया है।

इसलिए मैं कहता हूँ वास्तविक व पूर्ण स्वतन्त्रता तब ही होगी जब व्यवस्था में आमूलचूल परिवर्तन हो, आंशिक नहीं। सतही बदलाव से कुछ नहीं होगा, समस्या की जड़ में जाना होगा। प्रश्न मानसिकता का है।

मध्य वर्ग, निम्न मध्य वर्ग हो या चाहे उच्च मध्यवर्गीय महिला, सार्वजनिक जीवन के साथ-साथ पारिवारिक दायित्वों के निर्वाह की जिम्मेदारी उन्हीं पर अधिक थोपी जाती है। हम यह भी जानते हैं कि मध्य वर्ग ही समाज में अधिकांशतया जनमत का निर्माण करता है तथा इसी में सामाजिक सरोकारों से लेकर अन्य विषयों के लिए कुलबुलाहट और बेचैनी ज्यादा रहती है।

आज का आदमी अमीर बनने को प्रयत्नशील रहता है व गरीब बनना नहीं चाहता। दिखावे के चक्कर में खोखला होता जाता है। यही बातें कमोवेश इस वर्ग की महिलाओं पर भी लागू होती हैं। किचन, कपड़े, पड़ोस, गप्प, टी०वी० के सिवाय इतने बड़े मानवीय संसाधन का अन्य कार्य भी कोई है? क्योंकि मैं समझता हूँ कि साक्षरता एवं शिक्षा की सतही चमक प्रभावकारी नहीं हो सकती, उसे अन्तःकरण से शक्तिशाली व आत्मविश्वास से लबालब बनाना होगा। उस आखिरी सीमा तक जहाँ से कि वह अपने निर्णयों के कदम स्वयं निर्भीक होकर ले सकें।'

गीता ने अपनी सहेली का हाथ हल्के से दबाते हुए मोहन से कहा कि उच्च वर्गीय महिलाओं के बारे में क्या राय है जनाब आपकी।

'उच्च वर्ग के लोग स्वयं को इस समाज का हिस्सा पहले तो मानते ही नहीं बल्कि वे तो शायद अपने को आसमान से उतरा हुआ समझते हैं।

आदर्शवादी बातें करना कोई उनसे सीखें। इनका मानना रहता है कि समाज के नियम, कानून, मर्यादा, नैतिकता, सीमा, बन्धन यह सब उनके लिए कोई मायने नहीं रखते। इसलिए आप सभी ने भी इस वर्ग की महिलाओं को इन सबकी धज्जियाँ उड़ाते देखा सुना होगा।

उच्च वर्ग की अधिकांश महिलाएँ धन, ऐश्वर्य एवं विलास मे रंगी हुई रंगीनियों में जीती हैं। कतिपय स्वनामधन्य महिलाएँ समाजसेवा के नाम पर आत्मप्रशंसा और नाम की भूख को शांत करती हैं, जो कि सामाजिक सन्दर्भ की समस्याओं पर मात्र चिंता व्यक्त करती हैं, कार्य नहीं करतीं। लच्छेदार भाषण व कागजी खानापूर्ति कर घोड़े दौड़ाना ही इनकी समाज सेवा है और सही मायने में देखें, तो पता चलता है कि इस वर्ग की महिलाओं ने स्वतन्त्रता को उच्छृंखलता और अराजकता के रूप में अतिवादिता की सीमा तक पहुंचा दिया है।

अन्य वर्ग की महिलाएँ इनका अन्धानुकरण करना चाहती हैं। फलतः पारिवारिक कलह तथा सामाजिक विघटन समाज में तेजी से पैदा हो रहा है। इसलिए मैं इस वर्ग की महिलाओं की जागृति को स्वार्थी और आत्मकेन्द्रित मानता हूँ।

अब रही निम्न वर्ग की बात, तो बेचारे दीन, हीन, दलित, पिछड़े, कुचले, अभावग्रस्त, लानतभरी जिन्दगी, आहत मन, छोटे सपने देखते अपनी छोटी सी दुनिया में जीने वाले इस वर्ग में उच्च वर्ग के प्रति द्वेष और घृणा तो हो सकती है लेकिन ईर्ष्या नहीं होती। महिलाएँ यहाँ भी उपेक्षित हैं। नगरों महानगरों में उच्च वर्ग की महिलाओं को छींक भी आ जाये तो चर्चा का विषय बन जाता है। जनाब! गांव, देहात, कस्बों की महिलाओं की दर्द भरी जिन्दगी को भी कभी देखिए, कोई इनकी सुध लेने वाला नहीं है और न ही कोई इनकी सुनता है।

सुविधा और सम्पन्नता में सिद्धान्तों का पालन करना एक

अलग बात है। दुविधा और विपन्नता में सिद्धान्तों का अनुयायी होना असली सिद्धान्तवादिता की परीक्षा है। यूँ ही नहीं कहा है कि भूखा व्यक्ति क्या पाप नहीं करता।

इस वर्ग की महिलाओं का जीवन देखिए कितना विडम्बनापूर्ण है। बच्चे मिट्टी में लिपटे रहते हैं। रोटी, कपड़ा और मकान की फ्रिक मे इनकीं उम्र निकल जाती है। अतीत भयावह, वर्तमान कष्टमय तथा भविष्य असुरक्षित तथा धुंधला। कौन सुनेगा उनकी?

किसी का सपना दो कमरों के घरौंदे का है तो किसी को अपने बच्चों को मैट्रिक पास कराना है, किसी को त्यौहार में हार आने का इन्तजार है तो किसी को बिटिया की शादी के लिए जेवर बनाने हैं। किन्तु वे फिर भी सुखी और प्रसन्नचिन्त हैं। सबसे वहीं लड़ पड़ते हैं और फिर वहीं सुलह भी हो जाती है।

शेयर बाजार के सूचकांक, चांदनी चौक की चमक, अंतरिक्ष की हलचलों, खेल के मैदानों पर टूट रहे रिकार्डों, वातानुकूलित कमरों में बन रही नीतियों और बॉलीबुड के बुलबुलों से उन्हें कुछ लेना-देना नहीं, उन्हें तो मात्र कल की रोटी के जुगाड़ से मतलब है।' मोहन का धाराप्रवाह मन्तव्य सुनकर दाँतो तले अंगुली दबाने को मजबूर हो गये थे वे तीनों ही।

नरेन्द्रनाथ जो मोहन को एकाग्रचित्त होकर सुन रहे थे, अब उससे कुछ सहमत जान पड़ते थे। तर्क देते हुए कहने लगे, 'आप तो कहते थे कि महिलाएँ चौबीस में से अट्ठारह घंटे कार्य करती हैं। यह बात समझ में नहीं आई, भई! क्या मानवाधिकार भी कुछ है कि नहीं या यूँ ही कह गये मुझे चुप करने के लिए?'

मोहन जिस पहलू को चाह कर भी व्यक्त नहीं करना चाहता था, नरेन्द्रनाथ जी ने उसी दुःखती नब्ज पर हाथ रख दिया था। एक-एक अक्षर मोहन के अन्दर से निकलते प्रतीत होते थे 'आपको भले ही यकीन न आए, पर हकीकत से कैसे मुँह फेर सकते हैं। कहीं और नहीं, मेरे घर, गाँव, इलाके, प्रान्त, पहाड़ के

दूरस्थ क्षेत्र में आज भी आको दिखेगा कि महिलाएँ अट्‌ठारह या उससे अधिक घंटे कार्य करती हैं।

कल्पना कर सकते हैं आप बारहों महीने इस दिनचर्चा की सुबह पूर्व चार बजे उठना, पाँच बजे तक नित्यकर्म, ढोर-डंगरों की सेवा, छः-सात बजे तक बच्चों तथा घर के अन्य सदस्य के लिए नाश्ता बनाना, बारह एक बजे जंगल या खेत से लौटना, फिर पूरे परिवार का भोजन बनाना, चूल्हा, चौका इसके बाद शाम तक पुनः खेतों की देखभाल, घास लाना, पालतू मवेशियों को जंगल से लाना, दो तीन मील दूर धारे से पानी लाना, ओखली कूटना, जांदर चलाना और रात्रि-भोजन के बाद ही ग्यारह-बारह बजे तक हो पाता है पर्वतीय महिला का सोना। शराबी पति के साथ पत्नीधर्म निभाना अत्यधिक कष्टकारी है। मारपीट तो आम बात है।

क्या इसे कहेंगे आप नारी का विकास? पहाड़ की नारी के हाथ से दरांती अथवा कुदाल कभी नहीं छूटती। क्या कुछ नहीं करती है वह? सबकी सुध लेती है, किन्तु उसकी स्वयं की सुध लेने वाला कोई नहीं होता।

पति परदेश में, बच्चों की परवरिश का जिम्मा, बुजुर्गों की सेवा करना और भी न जाने क्या-क्या होता है उसके जिम्मे? कितना सुनिएगा?'

नरेन्द्रनाथ जी पत्नी आनन्दी देवी, बेटी गीता और उसकी सहेली सहित मोहन की ओजपूर्ण बातों और यथार्थपरक विचारों को सुनकर एकदम विचारमग्न हो गये थे।

'वास्तव में अभी भी कितना पिछड़ा है हमारा महिला-समाज? सरकारी व गैर सरकारी संस्थाएँ नारी उत्थान, शिक्षा व जागरूकता का जो दम्भ भरती हैं, उसकी हकीकत यदि यह है तो कैसे संभव हो पायेगा नारी समाज का उद्धार?' गीता बोली, 'जनाब आपका व्याख्यान यदि पूरा हो चुका हो और आज्ञा हो तो मैं भी कुछ कहूँ?' गीता के मजाकिया लहजे पर मोहन ने सिर हिलाकर

अनुमति दे दी।

'पिताजी! यदि मैं मोहन को इस बार यहाँ नहीं लाती, तो आपको यह उपदेश सुनने को नहीं मिलते।'

गीता की सहेली कह उठी, 'यह मोहन की गीता है।'

सब लोग ठहाके लगाते हुए हँस पड़े जबकि गीता कुछ लजा गई।

आनन्दी देवी बोली, 'बेटा मोहन! तुम गाँव कब जा रहे हो?'

'बस एक महीने के अन्दर' बोला था मोहन।

गीता ने अपने माँ-पिता जी से मोहन के साथ कुछ दिन गाँव जाने की इच्छा व्यक्त की उन्हें अपनी बेटी और मोहन पर पूरा विश्वास था इसलिए बिना अधिक विचार किये अनुमति मिल गई।

नरेन्द्रनाथ मोहन की समझ और वाकचातुर्य पर मन ही मन मोहित थे, पर व्यक्त कुछ नहीं करते थे। सोचते थे गीता की मित्रमण्डली कितनी चिन्तनशील है वरना क्या है इनके लिए समाज के सुख-दुःख, डाक्टर बनकर आनन्दपूर्वक जीवन व्यतीत करते।

■ ■

बहिन शान्ति के विवाह के लिए घर जाने से पहले ही प्रकाश ने रमेश से तय शर्त के आधार पर अलग कमरा किराये पर ले लिया था। प्रकाश को मन में अपना भविष्य जितना अंधकारमय नजर आ रहा था, उससे अधिक अंधकार उस कमरे में था। सीलन भरी बदबू रह-रह कर आती थी। धूप किसी महीने वहाँ शायद ही पहुँच पाती हो। पानी एक घंटा आता था, उस पर बरतनों की कतार।

शान्ति के ब्याह के बाद प्रकाश उसी कमरे लौट आया था। घर से आने के बाद वह खोया-खोया सा रहता। शान्ति का ब्याह हो गया, वह राजी खुशी होगी। घर से पत्र आया था, माँ का स्वास्थ्य अच्छा नहीं रहता।

दोनों वृद्ध-वृद्धा की अब एक ही परम इच्छा थी कि मोहन का विवाह कहीं अच्छी जगह हो ही जायेगा, किन्तु कहीं प्रकाश का ब्याह शीघ्र हो जाता। कभी शंकरदत्त सोचते कि कितनी खर्चीली है डाक्टरी की पढ़ाई, कमर तोड़ देती है कमबख्त। फिर विचारों ने पलटा खाया तो धैर्य से सोचते, 'मोहन कुछ बन-बना भी जायेगा। वह होशियार है, समझदार है, मेरे पीछे परिवार सम्भाल लेगा।'

प्रकाश और रमेश हैं तो दिल्ली में ही, पर महीने दो महीने में

एकाध बार ही मुलाकात हो पाती है, वह भी पांच-दस मिनट के लिए। आज की मुलाकात में भी ज्यादा बातें नहीं हो पाई थीं। जाते वक्त रमेश ने प्रकाश से कहा था सेहत का भी ख्याल रखना प्रकाश। अभी गाँव से लौटकर आया हूँ, बहिन की शादी में दौड़-भाग के कारण कुछ सेहत गिरी है। फिर भी जाते-जाते रमेश ने कहा डाक्टर को दिखा लेना, आजकल कोई भरोसा नहीं है रोंगों का, जाने कब किसे क्या हो जाये?

प्रकाश दो साल के अन्दर तीन नौकरी बदल चुका था। कहीं काम अधिक, वेतन कम तो कहीं प्रदूषण की समस्या, कहीं दूरी अधिक, पैसा आने-जाने में ही समाप्त हो जाता। जहाँ वर्तमान ही सुखमय नहीं था तो भविष्य की सुरक्षा दूर की कौड़ी ही थी।

उसे दिल्ली की इस भीड़भाड़ वाली जिन्दगी में याद आते पहाड़ के वे झरने, खुली साफ हवा, जहाँ देवदार, बांज, बुरास और चीड़ के पेड़ों को देखकर ही मन प्रफुल्लित हो जाता। वहाँ उनकी कीमत समझ में नहीं आती। बांज की जड़ों से निकलता अमृत सा ठंडा पानी, कितनी भूख लगती थी वहाँ, नींद भी ठीक ही आती थी और एक यहाँ है कि रात-दिन भागो, न भूख लगती है और न चैन की नींद आती है।

पिछले कई दिनों से उसके स्वभाव में चिड़चिड़ापन आ गया था। एक सप्ताह से बुखार महसूस होता था। अधिक परवाह न करते हुए भी जबरन आफिस जाता ही था, पर कार्य क्षमता घटती जा रही थी। जिस दिन कार्यालय न जाये, वेतन कट जाता था। छुट्टियाँ कब की समाप्त हो चुकी थी। वह सोचता कि यह भी कैसी नौकरी है? जिसमें न सुरक्षा है न निश्चितता। न आने का अप्वाइंटमेंट है, न जाने का इस्तीफा। सब मानो स्वतः हो जाता है।

उससे मिलने वाले कहते, 'आजकल कमजोर हो गये हो?'

उस वक्त तो प्रकाश यूँ ही टाल देता, परन्तु बाद में अकेले में सोचता, क्या मैं वास्तव में कमजोर होता जा रहा हूँ? कहीं कोई रोग न घेर ले? ओ होऽऽ..। यह तो कंगाली में आटा गीला होगा। नहीं, नहीं ऐसा नहों हो सकता। कुछ दिनों में ठीक हो जाएगा और पन्द्रह रोज यूं ही चले गये।

एक दिन उसके एक परिचित ने सूचना दी कि तुम्हारा वह जो पहाड़ी मित्र है, क्या नाम है, रमेश। उसका बांया हाथ मशीन से कार्य करते वक्त कट गया। मालिक ने उसे कुछ पैसे देकर नौकरी से निकाल दिया है। प्रकाश को यह सुनकर गहरा धक्का लगा। पहला यह कि मित्र का हाथ कट गया, दूसरा उसकी नौकरी भी नहीं रही। सोचा था कि रमेश की जान-पहचान उससे अधिक है कहीं उसके साथ जाकर डाक्टर को दिखाऊँगा स्वयं को। पर होनी कुछ और थी। एक दिन हल्के बुखार और कमजोरी में ही जब प्रकाश रमेश के कमरे में गया तो पड़ोसियों से ज्ञात हुआ कि वह दिल्ली छोड़कर पहाड़ वापिस लौट चुका है।

दुनिया बड़ी मायावी और स्वार्थी है, आम चूसकर गुंठली फेंक देती है रमेश को भी कम्पनी वालों ने चलता कर दिया। कितना बेदर्द है जमाना। नानवीय मूल्यों की कोई कीमत इस दुनियाँ में कहीं भी नहीं है। किससे करें फरियाद? दीवारों से सिर टकराकर कुछ हासिल नहीं होगा। गुहार लगाना समय बर्बाद करने के समान ही है। आज प्रकाश भी खुद को कितना बेबस महसूस कर रहा था।

आखिरकार प्रकाश सरकारी अस्पताल जाकर डाक्टर से मिला। पर्ची कटाने के कई घंटे बाद उसका नम्बर आया था। हल्का फुल्का चेकअप करके और कुछ गोलिया देकर डॉक्टर ने तीन दिन बाद फिर आने को कहा। जाँच के बाद ज्ञात हुआ कि उसके

फेफड़ों में संक्रमण हो गया है। प्रकाश हैरत में था। समझ में न आता था कि क्या करे? डाक्टर से पूछने लगा कि उसे क्या करना चाहिए? डाक्टर ने डॉट्स में नाम लिखने की सलाह दी तथा हिदायत दी कि जितनी जल्दी हो सके जलवायु परिवर्तन कर ले। डाक्टर ने कहा है, चीड़ की हवा उसके लिए लाभदायक रहेगी। चिन्ता की बात नहीं, यह रोग अब उपचार योग्य और साध्य है।

इस तरह मन मसोसकर प्रकाश भी रमेश की राह पर चल पड़ा वापिस अपने गाँव लौटने के लिए...

■ ■

उधर शान्ति अपने ससुराल में सुखपूर्वक रह रही थी। पिछले कुछ दिनों से वह एक बात को लेकर परेशान रहने लगी थी। ब्याह के छः महीने के अन्दर ही इस बात का आभास हो गया था कि उसका पति शराब पीता है। फिर भी उसे विश्वास था कि वह शराब छोड़ देगा लेकिन कभी-कभी हरिकृष्ण शराब पीकर देर से घर आने लगा था।

शान्ति को अपने बाबू जी की बात याद आ जाती कि शराब बुरी नहीं होती, किन्तु शराबियों द्वारा उसका अधिक सेवन करने से वह स्वयं तथा शराब दोनों बदनाम हुए हैं। इसकी लत बुरी है जिसे लत लग जाये, फिर उसका सम्भलना कठिन ही होता है। दवा के रूप में लोगे तो हानि नहीं करेगी। किन्तु कभी कभी पीने वालों को जोखिम भी उठाना पड़ जाता है।

यह कभी कभी उनके लिए कब आ जाए, पता नहीं। शान्ति को लगता कि हरिकृष्ण भी कभी-कभी की श्रेणी में हैं। गाड़ी खड़ी करने के बाद उसका पति लगभग रात में ही आता था, तब तक उसके ससुर अपने शयन कक्ष में चले जाते थे शान्ति अपने पति की बाट जोहती। मन में जाने कैसे-कैसे ख्याल आते।

शान्ति हरिकृष्ण को शराब की बुराइयों के बारे में हर तरह से समझाने का प्रयास करती। हरिकृष्ण उस समय तो हाँ-हाँ करता

पर बाद में अपना वादा भूल जाता। मदिरापान के बाद हरिकृष्ण भले ही उत्पात, और बुरा व्यवहार नहीं करता था किन्तु शांती को यह मंजूर नहीं था कि उसका पति शराब पिए।

वह कहती, 'तुम गाड़ी चलाते हो। शराब पीकर चलाओगे तो सोचो, क्या होगा तुम्हारा? क्या होगा मेरा और उन सवारियों का, जो तुम्हारी गाड़ी में बैठी रहती हैं?'

हरिकृष्ण सफाई देते हुये कहता, 'मैं गाड़ी चलाते वक्त नहीं पीता हूँ शाम को थक जाता हूँ इसलिए यार दोस्तों के साथ थोड़ी सी ले लेता हूँ।'

शान्ति तर्क करती, 'अगर थोड़ी सी लेने के बाद जो कभी बुकिंग मिल गई तब?'

हरिकृष्ण शान्ति को खिसियाते हुए कहता, 'अरे तुम बेकार में डरती हो। बाबू जी भी तो लेते हैं।'

'पर बाबू जी गाड़ी थोड़े ना चलाते हैं? फिर वह रिटायर्ड फौजी हैं दवा के तौर पर लेते हैं। मेरे बाबू जी भी कभी महीने में एकाध बार ही पीते हैं। मैं कुछ नहीं जानती। शराब तुम्हें छोड़नी ही होगी।'

हरिकृष्ण अधिक तर्क न करके चुपचाप उठकर सोने के लिए चल पड़ता।

फिर एक दिन हरिकृष्ण बुरी तरह लड़खड़ाता हुआ घर पहुँचा। शान्ति से अब रहा नहीं गया। उस समय तो वह कुछ नहीं बोली किन्तु दूसरे दिन सुबह ही ससुर जी से उसने हरिकृष्ण की शिकायत कर दी। ससुर ने भी हरिकृष्ण को खूब डाँटा। आज शांती ने हरिकृष्ण को खूब खरी खोटी सुनाई। हरिकृष्ण भोली-भाली पत्नी शान्ति का रौद्र रूप देखकर सिहर गया था। अकल काम नहीं करती थी उसकी वस। बुत बना खड़ा सब सुन रहा था। सुबह-सुबह जैसे साँप सूंघ गया हो उसे। यहाँ तक कि दोनों पति-पत्नी में कुछ

खट-पट भी हो गई। दोनों में दो तीन दिन आपस में बोलचाल भी नहीं रही। संकेतों में ही सारे कार्य होते रहे।

सावन की सुनहरी सोमवारी सुबह, सारी सुहागिनें गाँव के शिवालय में जल चढ़ाने जा रही थी। शान्ति भी अपने पति-परिवार की दीघार्यु तथा आरोग्य की कामना लिए देवालय गई। मन में उधेड़बुन थी कि पति शराब कैसे छोड़े। मार्ग में ही उसकी एक जेठानी मिल गई और पूछने लगी 'क्यों शान्ति! कल सुबह क्या हल्ला मचा था घर में? सब ठीक तो हैं न?'

'कुछ नहीं, बस यूँ ही ससुर जी उनको कुछ समझा रहे थे'। बस इतना सा उत्तर देकर वह सीधी चली गई। आँखों में आँसू भर आये थे उसके। भगवान के दरबार में कोई कुछ माँगता, कोई कुछ। पूरा देवालय श्रद्धालुओं की भीड़ से भरा था। द्वार पर कुछ कुष्ठ रोगी भी बैठे थे। पूरा वातावरण भोलेमय बना हुआ था। कोई घंटा बजाता, कोई कीर्तन करती मण्डली तन्मय होकर जैसे कैलाश पहुँच जाती हो, कोई प्रसाद वितरण करता, कोई जयकारा लगाता। शान्ति भी पल्लू सम्भाले शिवलिंग का जलाभिषेक करके मन ही मन पति के शराब की लत छूटने का वर माँगती जल्दी-जल्दी कुछ फूल पाती लिए तथा भिखारियों को यथाशक्ति दान दक्षिणा देकर शीघ्र घर लौट आई थी। हरिकृष्ण रोज की तरह गाड़ी चलाने घर से निकल चुका था।

हरिकृष्ण सोचता, अजीब है शान्ति भी, कल तो झगड़ती थी आज शिवालय गई है। कहीं यह दिखावा तो नहीं? नहीं-नहीं शान्ति ढोंग नहीं कर सकती। मुझे वास्तव में शराब नहीं पीनी चाहिए। बेचारी कितना खपती रहती है घर में। हरिकृष्ण ने निर्णय लिया कि वह आने वाले कार्तिक मास से शराब छोड़ देगा। एक-दो महीने ही तो हैं बीच में।

मंदिर से लौटने के बाद शान्ति घर में बैठी थी कि डाकिया शान्ति के मायके से आई चिट्ठी उसे देकर चला गया। शान्ति ने एक ही साँस में जैसे पूरा पत्र पढ़ लिया तथा एक लम्बी आह भरी। लिखा था कि मोहन भैया जल्दी ही घर आने वाले हैं। प्रकाश भैया दिल्ली से बीमार होकर घर लौट आए हैं। रमेश का हाथ कट गया था, इसलिए वह भी घर आ गये हैं। परन्तु उन सबसे अधिक दुःखी शान्ति को जिस समाचार ने किया वह था, वह था गोपाल चाचा का असामयिक निधन। जानवरों के लिए हरे पत्ते काटने जंगल गये थे बेचारे। वहीं पेड़ से गिरकर मृत्यु हो गई। पानी भी नहीं माँगा बेचारों ने।

शान्ति का मन बेचैन हो गया था। वह मायके जाना चाहती थी। कितना कुछ बदल गया इन दो वर्षों में। पर उसको चिंता थी कि ससुराल का कारोबार एक दिन के लिए भी वह किसके सहारे छोड़े? सभी तो हैं। काश! चार दिन कोई देखभाल कर देता। माँ-बाप, भाई से मिल आती।

पति से मंत्रणा हुई। हरिकृष्ण बोला, 'तुम्हारा इस स्थिति में वहाँ जाना ठीक नहीं है। भगवान ने चाहा, जब हमारे घर दो महीने बाद नया मेहमान आ जायेगा तब तीनों साथ जायेंगे।' शान्ति कुछ लजा गई, पर बोली कुछ नहीं। उसे हरिकृष्ण की इस चुहलबाजी में कुछ शरारत नजर आयी।

और समय के साथ-साथ हरिकृष्ण के घर आने का समय बढ़ता जा रहा था। आज कुछ ज्यादा ही देर हो गई थी। अभी तक आए क्यों नहीं? ससुर जी कहते आ जायेगा अभी, गाड़ी, सवारी का मामला है, थोड़ा बहुत देर हो ही जाती है। शान्ति सोचती, आने दो घर, आज जमकर वो खबर लूंगी कि सारा नशा हिरन हो जायेगा। बाबू जी की या मेरी कोई भी चिन्ता नहीं, परन्तु आने

वाले मेहमान को चिंता तो होती, पर उनकी बला से, कोई जिये या मरे। मेरी सुध नहीं है उन्हें।

ज्यों-ज्यों समय बीत रहा था शान्ति का क्रोध चिन्ता में बदलता जाता था, कहीं कोई अनहोनी न घट जाये। मन ही मन वह अपने मायके के इष्टदेव से अपने सुहाग के जीवनरक्षा की प्रार्थना कर रही थी। आखिरकार उसकी आशंका सही साबित हुई। देर रात घर में खबर आई कि हरिकृष्ण की गाड़ी दुर्घटनाग्रस्त हो गई है। वह घायलावस्था में अस्पताल में है। दो सवारियाँ भी घायल हुई हैं। गाड़ी बहुत बुरी तरह टूट गयी है।

प्रातः काल से पूर्व ही दोनों ससुर और बहू दौड़े निकट के अस्पताल में। कोई कहता ड्राइवर ने शराब पी हुई थी। दूसरा कहता 'अरे होनी को कौन टाल सकता है? जो घटना होता है वह होकर ही रहता है।'

पहला 'तुम इसे घटना कहते हो? वह दुर्घटना है साहब।'

घायलों के तीमारदार बिस्तर घेरे बैठे थे, कुछ और लोग भी वहाँ खड़े थे शायद कर्मचारी थे अस्पताल के या रात को यहीं रह गए सहायता करने वाले लोग थे। एक बिस्तर पर हरिकृष्ण भी मरहम पट्टी करा के लेटा था। सौभाग्य से उसे अधिक चोट नहीं आई थी। शान्ति लोगों की बातों को बाहर बरामदे से सुनती आ रही थी। पति को सलामत देख उसने पहले राहत की सांस ली, फिर मन ही मन उन्हें खूब कोसा। कहती थी न कि शराब मत पियो।

गाड़ी कबाड़ी को बेचने के सिवा किसी काम की नहीं रह गई थी। घर लौटते ही गुस्से में शान्ति ने पूछा, 'सच बताना, तुम्हें मेरी सौगन्ध, क्या तुमने कल उस समय शराब पी रखी थी?'

हरिकृष्ण पहले सकुचाया, फिर दाँये-बाँये झाँकने लगा।

'चुप क्यों हो, जबाब क्यों नहीं देते?' गुस्से से लाल पीली

होती शान्ति कह उठी।

'शान्ति तुम व्यर्थ में बात का बतंगड़ बनाकर झगड़ा करना चाहती हो।'

'झगड़ा! अगर तुम्हें कुछ हो जाता, या कोई मर-मरा जाता तो फिर क्या होता? गनीमत है सब बच गए। नहीं, आज मैं न मानूंगी, तुम्हें सच बताना ही होगा।'

'अच्छा ठीक है सुनो, कल सायं जब मैं घर लौट रहा था, तो साथी ड्राइवरों ने यह कहते हुए कि अब तो मात्र दस किलोमीटर ही चलना है, उसके बाद तो गाड़ी खड़ी करनी है, जबरदस्ती दो पैग मेरे लिए भी बना दिये। मैं ठीक चल रहा था लेकिन अचानक जाने क्या हुआ? यह हादसा हो गया।'

'पहले शराब पीते हो फिर कहते हो कि अचानक पता नहीं रोती क्या हुआ?' कहती थी ऐसे नशेड़ियों की संगत से बाज आओ, लेकिन तुम कहाँ सुनते हो? दुर्घटना कोई दस किलोमीटर या सौ किलोमीटर देखकर नहीं होती, तो वो कभी भी हो सकती है।

आज अभी मेरी कसम खाओ कि तुम शराब को छुओगे भी नहीं। जब तक तुम कसम नहीं उठा लेते, मैं अन्न का एक दाना भी नहीं चखूंगी।'

हरिकृष्ण को डाक्टर ने पूरे एक महीने आराम की सलाह दी थी। शान्ति के गुस्से को भाँपकर कुछ सोचता हुआ बोला, 'ठीक है, मैं तुम्हारी कसम खाता हूँ तुम्हारी'। तब जाकर कहीं शान्ति का गुस्सा कुछ शाँत हुआ।

हरिकृष्ण के पास अब कोई कार्य नहीं था। बाबू जी की पेन्शन से ही परिवार का गुजारा चलता था। शान्ति के माथे पर चिंता की लकीरें बढ़ती ही जाती थीं, फिर भी वह पूर्व की भांति ही घर की दिनचर्या में व्यस्त रहती थी।

विपत्ति कभी सूचना देकर नहीं आती है। दुःख के बादल जब किसी के घोंसले में मंडराते हैं, तो चारों ओर से उमड़ घुमड़ कर आ घेरते हैं। शान्ति की गृहस्थी में भी शायद सुख-दुःख आँख मिचौली का खेल खेलने लगे थे। एक दिन शान्ति जंगल से घास का गट्ठर लिए घर वापस लौट रही थी कि ऊबड़-खाबड़ रास्ते में उसका पैर फिसल गया। शान्ति तो बच गई पर उसका सपना बिखर गया। गंभीर चोट के कारण आने वाला उसका नन्हा मेहमान असमय ही चल बसा।

इस दुर्घटना के बाद मानो हरिकृष्ण की जीवन दृष्टि ही बदल गई। इधर पिछले कई दिनों से वह पत्नी के प्रति अधिक निष्ठावान हो गया था।

उसे अधिक कार्य न करने देता था। बात-बात पर उसकी सुध लेता, उसके कार्यों में हाथ बटाँता, उसे कोई कष्ट न आने देता था। स्वयं परेशानी में रहता पर शान्ति को सुख देने की चाह उसके मन में घर कर गई थी। दुःख से उबरने के साथ ही शान्ति को भी महसूस होने लगा था कि उसके पतिदेव अब उसका कितना ध्यान रखते हैं। उसे विवाह के प्रारंभिक दिन याद आ रहे थे। जब हरिकृष्ण घंटों उसके पास बैठा रहता था।

धीरे-धीरे शान्ति व हरिकृष्ण, दोनों का स्वास्थ्य अच्छा हो गया। गृहस्थी लगभग पटरी पर आ गई थी। अब नई समस्या हरिकृष्ण के रोजगार की मुँह बांये खड़ी थी। हरिकृष्ण फिर से गाड़ी का धन्धा शुरु करना चाहता था परन्तु बाबूजी और शान्ति के प्रबल विरोध को देखते हुए उसने अपने कदम पीछे खींच लिए और जुट गया नये व्यवसाय की तलाश में।

■ ■

एक टैक्सी मैदानी रास्तों को पार कर पहाड़ के सर्पीले रास्तों पर रेंग रही थी। इसमें डॉ॰ मोहन और गीता सफर कर रहे थे। गीता ने एक बार बचपन में पहाड़ों की यात्रा की थी। उसी पर्वतीय सफर की धुंधली यादें थी उसके स्मृतिकोश में। मोहन शीघ्र घर पहुँचने को लेकर उत्साहित था और गीता रोमाँचित सी थी। मोहन गांव के बारे में सोच रहा था, तो गीता मोहन के बारे में सोच रही थी।

काफी देर बाद सन्नाटा टूटा और दोनों एक साथ बोल पड़ें। परस्पर आवाजें टकरा गईं तो दोनों हंस पड़े। ड्राइवर की उपस्थिति का अहसास होने पर दोनों ने स्थिति को संभाला।

'बताओ गीतू! तुम क्या कहना चाह रही थी?'

'पहले तुम बताओ, क्या कहना चाहते थे?'

'नहीं पहले तुम'

गीता बोली 'ये लखनऊ के नवाबों की नकल क्यों की जा रही है? बताते क्यों नहीं?'

'मैं...मैं दूर-दूर तक फैली गगनचुम्बी शिखर श्रृंखलाओं, चांदी से चमकते हिम पर्वतों, असंख्य सीढ़ीनुमा हरे-भरे खेतों, सुदूर फैली घाटियों, इन सर्पीली राहों से दिखती बांज, बुरांस, देवदार और चीड़ के घने जंगलों की हरितिमा एवं खुले नीले आसमान के

बारे में सोच रहा था कि देखो पहाड़ काट-काट कर कभी हमारे बुजुगों ने ये सीढ़ीनुमा खेत बनाये होंगे। सचमुच कितना कठिन है पहाड़ों का जीवन। प्राकृतिक सौन्दर्य जितना है, उतनी ही प्राथमिक सुविधाओं का अभाव भी तो है। चोटी पर स्थित गाँव से महिलाओं का गोबर-खाद लेकर नीचे तलहटी तक आना तथा नीचे से गाँव तक घास या रसद आदि ले जाना कितना कठिन काम है?'

'अच्छा अब तुम बताओ, क्या कहने जा रही थी?' गीता से पूछ रहा था मोहन। 'मैं कह रही थी कि इन विषम परिस्थितियों में में जब किसी मरीज को दिखाना हो, तो उसे डाक्टर के पास कैसे ले जाया जाता होगा? कोई दैवीय आपदा, प्राकृतिक दुर्घटना मानवीय भूल आदि से घटित हो ज़ाए तब तो जान के लाले पड़ जाते होंगे?'

दोनों ने सामान्य भाव से अपने-अपने मन की बात एक दूसरे को बता दी थी। टैक्सी ऊबड़-खाबड़ पथरीली राहों से धीरे-धीरे आगे बढ़ रही थी।

मोहन ने बत को आगे बढ़ाते हुए कहा, 'वर्षों से यही रोना है पहाड़ों का। बार-बार कहता हूँ कि पलायन के कई कारणों में एक प्रधान कारण यह भी है कि स्वास्थ्य सेवाएँ तो यहाँ हैं नहीं, अन्य क्षेत्रों में भी कुछ ऐसी ही स्थिति है। बच्चे हैं, तो स्कूल नहीं। स्कूल हैं तो भवन नहीं। भवन हैं तो अध्यापक नहीं। बिजली के पोल हैं, तो बिजली नहीं। पानी के नल हैं तो पानी नहीं। अस्पताल हैं तो डाक्टर नहों। लोग बेचारे इतने भोले और सरल हैं कि उन्हें अपने मूल अधिकारों का ज्ञान तक ही नहीं है।'

'लेकिन अब तो सुना है कि पहाड़ों में भी बहुत विकास हो गया है?' मोहन को बीच में ही रोकते हुए कह उठी गीता।

'हां गीता! कहीं कागजों में, तो कहीं कहीं हकीकत में। नीति

निर्माता वहीं अधिक ध्यान देते हैं जहाँ अलगाववाद, जातिवाद, भाषावाद, क्षेत्रवाद, आतंकवाद के विभिन्न वादों का मवाद भरा हुआ हो। यहाँ की शान्त और भोली जनता के भाग्यविधाताओं ने इन्हें उन सुविधाओं से भी वंचित कर दिया है, जो आज की तिथि में तो बहुत सामान्य हैं। कागजी घोड़े दौड़ाते रहते हैं महज खानापूर्ति के लिए।

जनसेवक जब स्वयं को जनाधिकारी समझने लगे, तब यही हाल होता है। जनता से संग्रहीत कर पर ऐश्वर्य एवं वैभव का भोग करने वाले अधिकारी उनको प्रश्रय देने वाले जनप्रतिनिधियों की उदासीनता का सदैव गलत फायदा उठाते हैं। जिसका खामियाजा जनता को भुगतना पड़ता है।'

दोनों के बीच इसी विषय पर चर्चा हो रही थी कि आगे सड़क पर लोगों की भीड़ देखकर मोहन बाहर दृष्टि डालता है। मोहन के चेहरे की रंगत को पढ़ते हुये गीता पूछ बैठी, 'आ गया तुम्हारा गाँव?'

'नहीं, नहीं अभी नहीं। अभी तीन घंटे का सफर और है।'

टैक्सी भीड़ के सामने आकर रुकती है। मालूम हुआ कि कोई महिला डोली में बेहोश पड़ी है। उसे पाँच मील दूर सरकारी अस्पताल से लाया जा रहा है। अभी पाँच मील और आगे पैदल चढ़ाई वाले मार्ग पर है उसका गाँव। प्रसव वेदना पर उसे अस्पताल ले जाया गया। महिला तो बच गई, लेकिन बच्चे को नहीं बचाया जा सका। उसे ग्लूकोज चढ़ाने और सुई लगाने की तत्काल आवश्यकता थी। परन्तु कौन चढ़ाये ग्लूकोज की शीशी और कौन लगाये सुई? अस्पताल से प्राप्त दवाइयों की पोटली लिए उसका पति भीड़ के बीच असहाय मुद्रा में खड़ा था। मोहन गाड़ी से उतरकर अपना कर्तव्य पूरा करना चाहता था और गीता भी नेक

कार्य में हाथ बँटाने को तत्पर थी।

तभी एक पढ़ा-लिखा सा दिखने वाला इकहरे लेकिन कमजोर शरीर का नवयुवक बोल पड़ा, 'आप लोग डाक्टर थोड़े ना हैं, जो लगे मरीज को ग्लूकोज चढ़ाने और इंजेक्शन देने!' युवक के मुँह से शराब का भभका निकल रहा था। उन्होंने प्यार से उसे और सबको समझाया कि वे लोग डॉक्टर ही हैं और अपना फर्ज निभाते हुये पुनः टैक्सी में बैठकर अपने गन्तव्य की ओर प्रस्थान कर गए। बहुत देर तक दोनों चुपचाप बैठे रहे। गीता बोली, 'उस युवक ने शराब पी हुई थी। कितनी दुर्गन्ध आ रही थी उसके मुँह से?'

'गीता! शराब तो पहाड़ की एक बहुत बड़ी समस्या बन गयी है। अंग्रेज चले गये लेकिन फैशन यहीं छोड़ गये। यहाँ नामकरण से श्मशान तक सभी शराब की चपेट में आ गए हैं। कोई नहीं बच पाए हैं। 'सूर्य अस्त, पहाड़ मस्त' की कहावत तुमने सुनी ही होगी। ये लोग क्रोध के नहीं, दया के पात्र हैं। बहुत बड़े जन जागरण एवं जनचेतना की आवश्यकता है यहाँ, गीता।'

रास्ते में गीता में देखा-जीर्ण शीर्ण एवं रुग्ण काया लिए सिर पर घास का गट्ठर और लकड़ी का बोझ लिये महिलाएँ सड़क के किनारे-किनारे अपने घरों को लौट रही हैं। क्या जीवन है? क्या दिनचर्या है? वह सोचने लगी मोहन ठीक ही तो कह रहा था।

आबादी वाले क्षेत्र आते ही पालतू कुत्ते भौंकने लगे थे। कुछ ने गाड़ी का पीछा करना चाहा। बच्चे आधे तन से निर्वस्त्र, मिट्टी और धूल से सने दिखाई दे रहे थे। गीता सोचती कि क्या लोग आज भी इतने पिछड़े हैं? वस्तुतः वह शहरों-महानगरों में पली-बढ़ी थी। उसने गाँवों के बारे में मात्र पुस्तकों में पढ़ा था, लोगों से सुना था, मगर आज सब कुछ प्रत्यक्ष देख रही थी।

'कहां खो गई गीतू? गाँव आने वाला है'

गीता ने सिर्फ 'हूँ' भर कहा।

उधर मोहन के गाँव पहुँचने की सूचना पर सारे गाँव में मानों उत्सव का वातावरण था। शंकर दत्त के घर में लोग, बड़े, बूढ़े, बच्चे और महिलाएँ सभी उसकी प्रतीक्षा में थे। गाँव के पालतू-फालतू कुत्ते भी कोई शादी बारात समझकर इधर-उधर घूम रहे थे कि शायद कुछ जूठन मिल जाए।

घर आने पर प्रकाश के स्वास्थ्य में उत्तरोत्तर सुधार आ गया था। तय हुआ कि प्रकाश ही सड़क पर मोहन को लेने जाएगा। चाहे तो साथ में रमेश भी चला जाये। दोनों अपने गाँव के स्टेशन पर मोहन दा को लेने पहुँच गए। दूर से धूल उड़ाती, धीरे-धीरे मन्थर गति से आती गाड़ी दिखाई दी। प्रकाश बोला 'इसमें आ रहे होंगे दाज्यू!' रमेश ने भी हामी भरी।

दोनों द्रुत गति से गाड़ी के रुकते ही दरवाजे की ओर लपके। किन्तु चार आँखें जिसे ढूँढ रहीं थीं वह न दिखा। मायूस होकर चारों ओर देखा लेकिन मोहन का कहीं पता नहीं था। एक-एक कर सभी उतर गये और गाड़ी खाली हो गई। रमेश कहता, 'दिन तो आज का ही लिखा था चिट्ठी में, परन्तु न जाने का क्या कारण हो सकता है, कुछ समझ में नहीं आता।'

दोनों किंकर्तव्यविमूढ़ होकर स्टेशन के किनारे बने एक चाय के खोखे में बैठ गए। कुछ लोग ताश खेल रहे थे तो कुछ तमाशबीन थे। अधिकांश बीड़ी सुलगाए गप्पें मार रहे थे। कुछ हुक्का गुड़गुड़ा रहे थे।

एक छोटी सी दुकान और उसके बाहर खड़ा एक खोमचा जहाँ सुई से सब्बल तक, चाय से कम्बल तक, दवा से दारू तक, सभी सामान उपलब्ध था। इतने में धूल उड़ाकर और एक टैक्सी हार्न बजाती हुई सामने आकर रुकी।

ताश खेलने वाले शीघ्रता से पत्ते छुपाकर उठ खड़े हुए। कानाफूसी होने लगी। लगता है शायद कोई अधिकारी आ गया। इतने में टैक्सी का दरवाजा खुला और मोहन टैक्सी से उतरा। रमेश जरा देर से पहचान पाया, किन्तु प्रकाश ने सरपट जाकर मोहन दा के चरण छू लिए।

मोहन प्रकाश को गले लगाते हुए बोला, 'अरे प्रकाश! इतना कमजोर कैसे हो गया? और यह कौन? रमेश तो नहीं है?' हाथ बढ़ाया मोहन ने किन्तु रमेश का हाथ कटा देखकर दंग रह गया।

तभी गीता यह सब देख कार से उतर आई। मोहन ने गीता का सबसे परिचय करवाया, 'ये डॉ॰ गीता नाथ हैं, मेरी सहपाठी। मेरे साथ गाँव घूमने-देखने आई हैं।

दोनों ने गीता को भी प्रणाम किया।

प्रकाश और रमेश ने एक स्वर में कहा, 'अच्छा किया आपने' और उनका सामान उठाकर चलने लगे। प्रकाश कहता, 'दाज्यू। बाबू जी तो आपकी प्रतीक्षा में पलकें बिछाए बैठे हैं। सारे गाँव वाले आए हैं, घर में, तुम्हारे स्वागत के लिए।'

इस तरह आगे-आगे प्रकाश, फिर रमेश, गीता और सबसे अन्त में मोहन पहाड़ी पगडण्डी से चलते हुए आगे बढ़े चले जा रहे थे। रास्ते में एक स्थान पर सुस्ताते हुए रमेश ने नवागन्तुक गीता की ओर मुखातिब होकर कहा, 'सड़क से काफी पैदल चलना पड़ता है, इसलिए थक गई होंगी आप?'

गीता ने अस्वीकृति में सिर हिलाते हुएं कहा, 'नहीं, नहीं'

मन ही मन तीनों भाइयों की परस्पर वार्ता, प्रेम, सरलत्ता, सादगी और भोलेपन पर उस के मन में श्रद्धा उमड़ आई। मोहन उनसे स्थानीय पहाड़ी बोली में ऐसे बोल रहा था जैसे ठेठ उसी भाषा का ज्ञाता हो। गीता की समझ में उनकी बोली न आती थी,

मगर उनके वार्ताक्रम, भाव-भंगिमा, हर्ष, उल्लास से अनुमान लगाती थी उनकी बातचीत का अर्थ।

शिष्टाचारवश गीता ने यूँ ही पूछ लिया 'अभी कितनी दूर है?' प्रकाश उत्साहपूर्वक बोला, 'बस सामने दिखाई दे रहा है।'

मोहन ने दोनों भाइयों की ओर मुड़कर कहा, 'गाँव में क्या आज कोई शादी, ब्याह, पुजाई आदि तो नहीं है? कौथिग जैसी इतनी भीड़ क्यों है?'

'दाज्यू आपके आने की खुशी में सजावट की गई है।' प्रकाश बोला।

'देखा गीता! मैं न कहता था तुमसे कि चाचा मेरे आने की बेसब्री से प्रतीक्षा कर रहे होंगे। शहरों में ऐसा स्नेह और प्रगाढ़ता कहाँ?, दौड़ भाग से फुर्सत ही नहीं मिल पाती, पड़ोसी तक ही पहचान नहीं। कोरी सभ्यता, दिखावटी संस्कृति। प्रशासनिक उपेक्षा के कारण प्राथमिक सुविधाओं का भले ही यहाँ अभाव हो किन्तु इस आत्मिक शान्ति का कोई जवाब नहीं। प्रदूषण का नाम नहीं है, चोर उचक्कों का काम नहीं, जंगली जानवर अवश्य आते होंगे कभी।'

सूर्यास्त हो चुका था। पक्षियों के झुंड अपने घोसलों में लौट चुके थे। गाँव के बीचों बीच बांस के पेड़ों की झुरमुटों में पक्षियों की भिन्न भिन्न प्रकार की चहचहाने की आवाजें मन मोह लेती थीं। गोधूलि बेला में जानवर भी जंगलों से घरों को लौट रहे थे। बछड़े पूंछ उठाकर अपनी माँ के पास आने को लालयित थे।

मोहन गाँव में पहुँच चुका था। मोहन ने शंकर चाचा के चरणों में साष्टांग प्रणाम किया, तो चाचा ने मोहन को कस कर गले लगा लिया। बूढ़ी आँखों से प्रेम की रसधारा बह निकली। आवाज कंपकंपा गई और गला रुंध गया।

वाणी असमर्थ हो गई हृदय के भावों को व्यक्त करने में तो आंसुओं ने उन भावों को प्रकट किया। मोहन ने लपककर चाची को भी दण्डवत नमस्कार किया। चाची मोहन का सिर मलाशती, बलाएँ लेती तथा इष्टदेव का धन्यवाद करती कह रही थी कि उसने उन्हें ऐसा सुपुत्र दिया है, जिसने खानदान का नाम रोशन कर दिया है।

इतने में गीता को समझते देर न लगी कि यही श्री शंकर दत्त जी और उनकी पत्नी हैं। उसने भी झट से सिर पर पल्लू रखकर दोनों बुजुर्गों को पैलागन किया। मोहन ने चाचा-चाची से गीता का परिचय कराया। गाँव के अन्य लोगों से मोहन यथायोग्य मिलता, कुशल पूछता रहा। बातों-बातों में रात हो गई।

शंकर चाचा गीता से कह रहे थे, 'बहुत अच्छा किया बेटा, मोहन के साथ तुम भी आ गई। जाकर विश्राम कर लो। तुम थक गई होगी। मेरा मोहन तो देवता है।'

मोहन जहाँ भी जाता, गाँव के बच्चों का झुण्ड पीछे-पीछे चलता। रमेश ने उनको हल्की मीठी झड़प में डाँटा। गुड़ की भेली फोड़ी गई और उसी का मिष्ठान वितरण हुआ। मोहन ने घर परिवार पड़ोस की कुशल ली। शान्ति के बारे में जानने की उत्सुकता थी। चाचा जी ने बताया कि शीघ्र ही वह भी आने वाली है। गोपाल चाचा के निधन के बारे में सुनकर मोहन द्रवित हो गया था।

मोहन ने चाचा जी से गाँव में ही क्लीनिक खोलने की इच्छा व्यक्त की तो चाचा जी फूले नहीं समाये थे। गाँव में घर के ही एक कमरे में क्लीनिक खोलकर मोहन कुछ ही दिनों में ग्रामीणों के मध्य रम गया। गीता उसका हाथ बँटाती। दोनों कंधे से कंधे मिलाकर गरीब मरीजों की सेवा साधना में रत थे।

शंकर दत्त की बूढ़ी अनुभवी आंखों ने मोहन और गीता के परस्पर दृढ़ विश्वास, व्यवहार को ध्यान में रखते हुये इस बीच गीता के माता-पिता जी से विवाह की बात चलाई। गीता के माता-पिता सहर्ष सहमत थे।

शंकर दत्त ने औपचारिकता निभाते हुए मोहन व गीता से भी उनकी राय जाननी चाही। मोहन बोला, 'चाचा जी यह आपका जिम्मा है, आप जैसा उचित समझें करें,' गीता शरमाते हुए दूसरे कमरे में चली गई थी।

शहर से नरेन्द्रनाथ जी एवं आनन्दी देवी व कुछ प्रमुख लोगों को प्रकाश ने गाँव में ही बुला लिया। गांव के ही एक मंदिर में बहुत सादगी भरे वातावरण में बुजुर्गों ने नवदम्पत्ति को शुभाशीष दिया। एक-दो दिन के लिए शान्ति और हरिकृष्ण भी आए। इस तरह दोनों का गृहस्थ आश्रम में विधिवत पदार्पण हो गया।

डॉक्टरी की पढ़ाई करते-करते मोहन ने अपनी लगन और निष्ठा से न केवल अच्छे अंक प्राप्त किए वरन ढ़ेरों पुरस्कार भी प्राप्त किये। उसके नवीनतम शोध पत्रों पर बढ़े-बड़े धुरन्धर चर्चा करते थे। टी०बी० की बीमारी के निदान हेतु उसके द्वारा खोजे गये अचूक टीके पर उसे ऑल इंडिया मेडिकल काउन्सिल की ओर से 'राष्ट्रीय युवा वैज्ञानिक का पुरस्कार' भी प्राप्त हो चुका था।

मानव संसाधन विकास मंत्रालय द्वारा मोहन को 'युवा प्रतिभा सम्मान' से नवाजा गया था। मोहन स्वभाव से जितना सरल था, उतना ही दृढ़ सिद्धान्त प्रिय व इच्छा शक्ति सम्पन्न ही था। उसके लिए एक से बढ़कर एक लुभावने प्रस्ताव आए लेकिन मोहन उन सब को ठुकराकर अपने संकल्प पर अडिग तथा अग्रसर था। उसका ध्येय था, गाँव और गरीबों के मध्य रहकर असहायों, बेसहारों की सेवा करना। उसका दृढ़ विश्वास था कि मानवता की

सेवा ही सच्ची सेवा है।

गाँव में ही क्लीनिक खोलकर गरीबों की सेवा में पूरी तरह रम गया था मोहन। गीता भी उसके रंग में ऐसे रंग गई थी कि लगता ही नहीं था कि उसकी परवरिश शहरी है। मोहन के हाथ में कुछ ऐसा जादू था कि उसके पास मरीजों, बीमारों की भीड़ उमड़ने लगी थी। लोग दूर-दूर से आते। कुछ ही दिनों में इस नवडाक्टर दम्पत्ति की कीर्ति पताका चारों दिशाओं में फहरा चुकी थी।

जो भी मरीज आते, सन्तुष्ट होकर जाते तथा जाते जाते आशीष देकर जाते। एक दिन एक कृशकाय प्रौढ़ महिला गोद में बालक को लिए मोहन की क्लीनिक में आई। बालक का शरीर बुखार से तप रहा था। होंठ नीले पड़े हुए थे। बच्चा शरीर से बहुत सुस्त जान पड़ता था। उसका पेट फूला हुआ था। महिला के चेहरे से उसकी दीनता झलक रही थी। उसकी उम्र अधिक नहीं जान पड़ती थी पर गरीबी के बोझ ने असमय ही उसे बुढ़ापे की ओर धकेल दिया था। उसकी आँखों में आँसू थे। वह लाचार-मजबूर लगती थी। उसके पास वास्तव में डाक्टर को देने के लिये फीस भी नहीं थी। मोहन व्यस्त था, अभी-अभी तो वह मरीजों को देखकर आया था।

संध्या का समय था, आसमान में काले बादल छाए थे, हवा तेज झोंकों के साथ बही जा रही थी। गीता भी पास में ही बैठी थी। मोहन आज कुछ थका हुआ सा महसूस कर रहा था। एक गरीब महिला याचक की मुद्रा में मोहन की क्लीनिक में खड़ी थी कि डाक्टर साहब आएँगे तथा उसके बच्चे को एक नजर देखेंगे।

मोहन का ध्यान ज्यों ही उस महिला की ओर गया, उसे अपने प्राचार्य की वे सारी बातें याद आ गयी जो उन्होंने कही था कि

'मरीज आधा तो डाक्टर के व्यवहार से ही अच्छा हो जाता है।' महिला कुछ कहना चाहती थी, मोहन उसके निकट गया तथा उससे पहले ही बोल उठा,

'क्या नाम है तुम्हारा?'

'सावित्री'

'और इस बच्चे का क्या नाम है?'

'गणेश'

'कितने साल का है?'

'छः साल का।'

'क्या परेशानी है इसे?'

'साहब। यह खाना नहीं खाता, हर वक्त सोया ही रहता है, खेलता ही नहीं, बुखार रहता है।'

इतना कहते ही वह महिला सिसक-सिसक कर रो पड़ी।

मोहन ने उसे ढाढस बंधाते हुए अपने अस्पताल में बिठाकर कहा 'रोती क्यों हो?' सब ठीक हो जायेगा।

'साहब। मेरे पास फीस देने को पैसे नहीं है, आपकी फीस कहाँ से दूँगी?'

गीता बीच में बोल पड़ी, 'कोई बात नहीं, अभी नहीं है तो जब होंगे, तब दे देना।'

मोहन भावुक हो गया, उसे अपना अभावमय बचपन याद आ गया। मोहन ने उसका निःशुल्क परीक्षण ही नहीं किया, वरन निःशुल्क दवा भी दी। जब उसे ज्ञात हुआ कि उसके पास खाने तक के लिए कुछ नहीं है, तो इस पर मोहन ने उसे कुछ पैसे और भी दे दिए।

मोहन के इस सद्व्यवहार से सावित्री अभिभूत ही नहीं हुई, वरन् वह उसे साक्षात भगवान समझने लगी। पूरे इलाके में मोहन

की उदार छवि के सभी कायल हो चुके थे। मोहन एक हाथ से कमाता, तो दूसरी ओर मुक्तहस्त से दान भी करता।

जनकल्याण के क्षेत्र में धन लगाने की उसकी योजना थी। वह चाहता था कि अपने स्वर्गीय बाबू जी के नाम पर एक अच्छे से अस्पताल का निर्माण कराए, जिसमें वे समस्त प्राथमिक सुविधाएँ हो जिनके अभाव में गांव-इलाके के लोगों को छोटे-छोटे कार्यों जैसे एक्स-रे, पैथोलोजी टेस्ट, प्लास्टर, अल्ट्रासाउड आदि के लिए दूर शहरों में आना जाना पड़ता है। प्रधानमंत्री ग्राम सड़क योजना के अन्तर्गत गाँव में जल्दी ही सड़क आने की सम्भावना दिख रही थी। इसी उधेड़बुन में खोया मोहन सोच रहा था कि सड़क बनने से लोगों का कितना धन और समय बच जाएगा।

समय बीतता गया। गीता उसका भरपूर सहयोग करती रही।

वह कभी मोहन से कहती, 'क्या हमेशा यहीं व्यस्त रहोगे या कभी मम्मी-पापा से मिलने भी चलोगे?' इस पर मोहन कहता, 'जरूर चलेंगे लेकिन जब यहाँ से फुर्सत हो तब न? क्यों न हम उन्हें कुछ दिनों के लिए यही बुला लें?

'विचार अच्छा है' कहकर गीता चुप हो गई।

जब से अस्पताल निर्माण का कार्य प्रारम्भ हुआ था, मोहन की व्यस्तता और अधिक बढ़ गई थी। काश! निर्माण कार्य में देख-रेख करने वाला कोई अपना होता तो कितना अच्छा होता। मोहन ने अपने चाचा जी के सम्मुख प्रस्ताव रखा, तो चाचा जी ने प्रकाश, हरिकृष्ण और रमेश का नाम सुझाया और कहा, बेटा, इन्हें रोजगार भी मिल जायेगा तथा अन्दर का पैसा अन्दर ही रह जाएगा।

मोहन और गीता की सहमति एवं चाचा जी की अन्तिम संस्तुति के बाद प्रकाश, हरिकृष्ण तथा रमेश तीनों निर्माण कार्यों के साथ-साध मोहन और गीता के साथ यथायोग्य विभिन्न कार्यों

में सहयोग करने लगे थे।

गीता ने हरिकृष्ण को जब अपने विवाह के अवसर पर पहली बार देखा था। तभी उसे शंका हो गई थी किन्तु आज उसका संदेह विश्वास में बदल गया था। किन्तु गीता ने उस समय कुछ प्रकट नहीं किया। हरिकृष्ण भी गीता को देखकर सकपका गया था और आँखे झुकाए खड़ा रहा।

मौका पाकर गीता ने मोहन को बताया कि जब वे लोग पहली बार गाँव आ रहे थे और रास्ते में एक महिला डोली में बेहोश पड़ी थी। आप सुई लगाने आगे गए थे और मैं पीछे खड़ी थी। उस वक्त जिस युवक के मुँह से शराब की तीव्र गन्ध आ रही थी, उसका चेहरा कुछ याद है आपका वह कोई और नहीं बल्कि हरिकृष्ण ही था।'

हाँ गीतू! मुझे याद है। किन्तु तब हमें यह रिश्ता ज्ञात नहीं था। शान्ति की शादी के समय मैं घर नहीं आ पाया था। हाँ, इतना तो मालूम था कि शान्ति की ससुराल वहीं कहीं है, परन्तु निश्चित अता-पता नहीं था। हरिकृष्ण को जानने का तो प्रश्न ही नहीं उठता था ऐसे में, किन्तु अब परिस्थितियों ने करवट बदल ली है।

मैंने उनसे बात कर ली है। आखिर वह हमारे दामाद, बहनोई हैं। हमारी बहिन शान्ति बहुत सौम्य स्वभाव की है। हरिकृष्ण की भी अब वह आदतें नहीं रही। शान्ति के साथ हुए हादसे ने मानों उनकी जीवनदृष्टि बदल दी हो। क्या तुम्हें नहीं लगता कि वह स्वयं संकुचाए हुए से रहते हैं? चाचा जी के एक बार बुलाने में आ गये। उनके स्वभाव में काफी बदलाव आ गया है। मैंने उनको विश्वास में ले लिया है। मन को जीतना और हृदय परिवर्तन इतना आसान नहीं होता गीतू। इसलिए तुम्हें इस बारे में चिन्तित नहीं होना चाहिए। हम शीघ्र ही अस्पताल के लिए एक एम्बुलेंसनुमा

गाड़ी लेंगे, जिसे हरिकृष्ण ही चलायेंगे।

रमेश तकनीकी ज्ञान रखता था, किन्तु बेचारा एक हाथ खो बैठा था। वह पर्ची बनाने का कार्य करेगा। ठोकर खाया इंसान है, ईमानदार और लगनशील है, अपना-पराया जानता है। प्रकाश पढ़ा लिखा है, इण्टर तक जीवविज्ञान पढ़ा है उसके लिए दवाओं की दुकान खोल देंगे। फिर चाचा जी भी ए०एम०सी० (आर्मी मेडिकल कोर) से सेवानिवृत हुए हैं। बूढ़े हैं लेकिन कुछ देर भी बैंठगे तो प्रकाश धीरे-धीरे सीख जाएगा और एक दिन पक्का कम्पाउन्डर बन जाएगा।' मोहन भावी कार्ययोजना बताता चला गया।

गीता ने बिना किसी आपत्ति के मोहन की बातों से सहमति जतायी। शंकर दत्त अब और अधिक प्रसन्न थे कि मोहन ने गाँव में ही क्लीनिक खोलकर लोगों को सुविधाएँ भी प्रदान की है साथ ही रोजगार भी दिया है। इधर उन्होंने प्रकाश के विवाह के प्रयास तेज कर दिये थे। मोहन व गीता दोनों समर्पित मिशनरी भाव से कार्य करते तो दूसरी ओर उनका पूरा स्टाफ उनके एक इशारे पर बिजली की गति से कार्य करता।

इधर कुछ झोलाछाप नीम-हकीम मोहन के क्षेत्र में आने से खार-खाए बैठे थे। कुछ दुष्प्रचार करते थे तो कुछ ईर्ष्या, जितने मुख उतनी बातें, न निन्दा करने वालों की कमी थी न द्वेष रखने वालों की। जनता का अधिकाशं तबका मोहन और गीता के साथ जो था। ऐसे में उनके बारे में कुछ भी अशोभनीय टिप्पणी करना आसमान की ओर थूकने के समान था। डाक्टर युगल की कार्यशैली, मधुर व्यवहार ने झोलाछापों, अनर्गल निन्दकों के मुँह बन्द कर दिए थे फिर भी वे अन्दर ही अन्दर कुढ़ते रहते थे।

नरेन्द्रनाथ एवं आनन्दी देवी कभी-कभार अपनी लड़की दामाद व समधी से मिलने गाँव आते तथा प्रत्येक बार दोनों प्रसन्न मन

लिए लौटते। उन्हें मोहन की मेधा पर गीता से अधिक विश्वास था। नरेन्द्रनाथ कहते न थकते थे, 'मोहन चरित्रवान लड़का है। ऐसे आदर्श लड़के आज के समय में कहाँ मिलते हैं? भौतिक चकाचौंध से दूर अहं का नाम भी नहीं है उसमें।'

इस तरह प्रसन्नतापूर्वक दिन व्यतीत होने लगे। गीता और मोहन मरीजों की दिन रात सेवा करते साथ ही सप्ताह में एक दिन क्षेत्र के अलग-अलग गाँवो में जाकर रोगियों को घर पर ही देखते तथा गाँव वालों को खान-पान, साफ-सफाई, सुरक्षा, टीके आदि के बारे में जानकारी देते।

गीता तो महिलाओं के साथ ऐसे बातें करती जैसे वर्षों से उनकी परिचित घनिष्ठ सहेली रही हो। मोहन यह सब देखकर सुकून महसूस करता। शंकर चाचा दिन प्रतिदिन जवान होते जा रहे थे। मोहन के इलाज से या रामजाने कैसे चाची का वर्षों पुराना रोग भी जाता रहा। उनके सामने बस एक इच्छा और थी कि प्रकाश का विवाह कर दें।

चाचा और चाची को मोहन पर गर्व था। गीता को बहू के रूप में पाकर वे प्रसन्नता का अनुभव करते थे तथा अपने भाग्य को सराहते थे। लोग बात-बात में गीता-मोहन का उदाहरण देते थे। घमण्ड उन्हें छू भी नहीं पाया था। कोई उन्हें गरीबों का मसीहा कहता, तो कोई साक्षात प्रभु अवतार कहता। उनके क्लीनिक में सुबह से शाम तक मरीजों की भीड़ लगी रहती। मरीज आधा तो डाक्टरद्वय के व्यवहार से ही अच्छे हो जाते थे।

छोटी-मोटी बीमारियों का इलाज वहीं पर होने लगा था। बड़े रोगों के निवारणार्थ ही रोगी को आगे जाने की सलाह दी जाती थी। कुछ ही समय में इलाके भर के लोगों में जागृति आ गई। हरिकृष्ण, रमेश और प्रकाश चौबीस घंटे आपातकालीन सेवा हेतु

तत्पर रहते थे।

आषाढ़ का महीना चढ़ाव पर था। नदी, नाले, पोखर, तालाब, छीर, गधेरे सभी मानों वेग से ऐसे बह रहे थे जैसे बारहों महीनों इनमें ऐसा ही पानी रहता हो। वर्षा रुक-रुक कर जारी थी। रात घिरने पर अंधेरा अपनी कालिमा से सब ढक देना चाहता था। बीच-बीच में मेघों की गर्जन में बिजली की चमक वातावरण को और मादक बना देती थी।

मोहन और गीता दोनों विश्राम कर रहे थे। तभी दरवाजे पर दस्तक हुई। दस्तक बढ़ती ही जा रही थी। मोहन को अभी-अभी नींद आई थी। दस्तक की गति बढ़ती ही जा रही थी। मोहन के उठने से पहले गीता ने दस्तक का कारण जानना चाहा, तो मोहन जाग उठा। उठना चाहता था किन्तु गीता ने रोकते हुये कहा, 'दिन भर तो मरीजों को देखते रहते हो अब रात को भी चैन से न सोओगे क्या? इस अंधेरी रात को तुम नहीं जाओगे।'

गीता स्वयं उठकर दरवाजे की ओर बढ़ी। दरवाजा खोलने पर देखा कि उसका देवर प्रकाश एक सामान्य वेशभूषा धारी पहाड़ी नवयुवक से कुछ दूरी पर बतिया रहा था। बारिस थमने का नाम नहीं लेती थी। दोनों दूर बरामदे में खड़े कुछ बोल रहे थे, जो सुनाई नहीं पड़ता था, किन्तु हाथों की परस्पर भाव-भंगिमा तथा संकेतों से अनुमान लगता था कि युवक प्रकाश से कुछ निवेदन कर रहा था।

गीता मोहन को वहीं कमरे में रुकने को कहकर बरामदे के एक गलियारे से दूसरे गलियारे में वहाँ तक पहुंची जहाँ दोनों बतिया रहे थे। निकट पहुंचने पर प्रकाश कुछ बताता, इससे पहले ही गीता ने देखा कि उस युवक के हाथ-पांव में खरोंच के निशान थे। कुछ समझ में नहीं आता था कि युवक आखिर चाहता क्या

है? इससे पहले कि गीता कुछ समझ पाती, नवयुवक गीता के पाँव पकड़ते हुए कह उठा, 'डॉ० साहब मेरी माँ, को बचा लीजिए मैं उम्र भर आपका ऋणी रहूंगा।'

मोहन को भला कैसे चैन आता अन्दर? वह गीता के पीछे-पीछे वहीं आ गया। रात के साढ़े दस बजे मेघों की तीव्र गर्जना मौसम में भय का संचार कर रही थी। गीता इस अंधेरी रात में मोहन को कहीं बाहर नहीं भेजना चाहती थी, इसलिए उसने उस नवयुवक को कल आने को कह दिया। मोहन यह सुनकर अन्दर ही अन्दर सुलग गया। उसे गीता का यह व्यवहार उचित नहीं लगा था।

अचानक तीव्रता से बिजली चमकी, तो मोहन अपने को रोक नहीं पाया। उसे सहसा अपने बचपन की याद ताजा हो आयी। तब वह आठवीं का छात्र था। वह भी उसी तरह डाक्टर के पास गया था सहायता के लिए, किन्तु क्या हुआ?

मोहन सोचने लगा, यदि मैं इसके साथ नहीं गया तो यह अन्याय ही नहीं होगा बल्कि मेरे जीवन का उद्देश्य मात्र एक ढकोसला बन कर रह जाएगा। नहीं, मुझे जाना ही होगा। अवश्य जाना होगा। प्रयास हमारे हाथ है, परिणाम ऊपर वाले के हाथ। मोहन ने गीता, प्रकाश व उस युवक को अन्दर चलने को कहते हुये कहा, 'धीरज रखो। क्या हुआ तुम्हारी माँ को? अरे तुम्हें भी चोट लगी है। प्रकाश पहले मरहम पट्‌टी की व्यवस्था करो। अब बताओ क्या परेशानी है?'

'साहब! मेरी माँ सख्त बीमार है। हम लोग अनपढ़ हैं, इलाज के बारे में अधिक नहीं जानते। किसी ने देवता, भूत-प्रेत, ऊपरी हवा का चक्कर बताया तो बकरी, मुर्गा, शराब सब चढ़ाया, परन्तु कोई फायदा नहीं हुआ। पिछले दो दिन से उसने पानी भी नहीं पिया। अब वह दोपहर से बेहोश है। खाँसी अधिक हो गई है।

बलगम में खून भी आता है। आपके बारे में बहुत सुना था इसलिये बड़ी आस लिए भागा चला आया हूँ। मेरा गाँव निकट ही है, पाटन गाँव।

साहब एक बार मेरी माँ को देख लीजिए। बड़ी कृपा होगी साहब...।'

मोहन ने उसे ढाढस बँधाते हुए कहा, 'तुम रुको मैं कपड़े बदलकर कुछ दवाएँ लेकर आता हूँ।'

गीता यह सब घटनाक्रम देख सुन रही थी। वह नहीं चाहती थी कि मोहन इस काली अंधेरी रात में अकेले मरीज को देखने दूसरे गाँव जाए। कहीं कुछ हो गया तब? एक अनजान आशंका से उसका मन बेचैन हो रहा था।

मोहन और गीता में इस बिन्दु पर परस्पर वैचारिक, व्यावहारिक व सैद्धान्तिक टकराव भी हुआ, किन्तु मोहन अपनी धुन का पक्का था। उसकी दृढ़ इच्छा शक्ति से गीता भली भाँति परिचित थी। मोहन को अपनी वह मौन प्रतिज्ञा बार-बार सुनाई पड़ती थी, जो उसने अपने बाबू जी के दाह संस्कार के समय मन ही मन ली थी कि भविष्य में किसी और मोहन के बाबू की मौत डाक्टर के अभाव में नहीं होने पायेगी...।

'यदि आज मैं न गया तो मेरी प्रतिज्ञा भंग हो जायेगी। जीना-मरना यद्यपि ईश्वर के हाथ है, फिर भी हमें अपना कर्तव्य तो निभाना चाहिए। उस डाक्टर की याद ताजा हो आई थी उसके मन में, जिसने उसे बचपन में मना ही नहीं किया था वरन् धक्का देकर बेहोश भी कर दिया था। वह तेजी से उठा, कपड़े पहनकर तुरन्त तैयार होकर गीता से बस इतना बोला-

'गीता। हमारा कर्तव्य है मानवता की सेवा करना, दूसरे के दर्द को अपना दर्द समझना, हमारा जीवन ही सेवा के लिए है। गीता।

तुमने अभी घोर गरीबी को निकटता से नहीं देखा है। तुम कल्पना भी नहीं कर सकती हो कि इस पहाड़ में लोग कैसा अभावमय जीवन जीते हैं? फिर डाक्टरों का जीवन होता ही दूसरों के लिए है। हमारी वह सौगन्ध किस काम की। मैंने डाक्टरी इसलिए नहीं की कि आज फिर से एक और मोहन का बापू या फिर किसी एक और मोहन की माँ इलाज के अभाव में दम तोड़ दे!'

इतना कहकर मोहन रेनकोट पहनते हुये गीता की पीठ में हल्की सी थपकी देकर चल पड़ा। बरसात कुछ हल्की अवश्य हुई थी किन्तु थमी नहीं थी। बीच-बीच में बिजली की कड़क, कुत्तों के भौंकने की आवाज रात के भयानक सन्नाटे को तोड़ देती। प्रकाश भी अपने बड़े भाई डॉ० मोहन के साथ चल पड़ा था।

गीता सोच में पड़ गई और बुदबुदाने लगी, 'अपने पेशे के प्रति कितने समर्पित हैं उसके पति? उसे आज महसूस हुआ था कि वह जो कुछ मोहन से सुनती थी गाँवों व गरीब-मरीजों के बारे में वह सबकुछ सचमुच मोहन की रग-रग में समाया हुआ था।'

मोहन के मन की टीस और पीड़ा को वास्तविक रूप में आज समझ पायी थी वह। आज गीता को महसूस हो चुका था कि क्यों मोहन ने अपने सुनहरे भविष्य के सपनों को तिलांजलि देते हुए पहाड़ के इस अति पिछड़े अभावग्रस्त गाँव में एक डाक्टर के रूप में मानवता की सेवा करने का प्रण लिया था?

सच्चे मन से आज गीता ने मोहन के दर्द में अपने दर्द को समाहित कर लिया था। अब असहायों और गरीबों की सेवा के रूप में मानवता की सेवा करना गीता का अपना दर्द भी बन चुका।

वही गीता, जिसने गरीबी को दूर-दूर तक महसूस नहीं की थी, आज मोहन से प्रेरणा पाकर पहाड़ के इन अभावग्रस्त गांवो का दर्द सचमुच अपना दर्द महसूस अनुभव करने लगी थी।

गीता और मोहन के इस जुनून की देखा देखी यहां के नवयुवकों को र्भा पहाड़ की यह पीड़ा, 'अपनी पीड़ा और अपना दर्द' महसूस होने लगी और पहाड़ के गाँव खाली होकर उजड़ने से बच गये...।

सुबह हई तां गीता ने देखा, उसका पति मोहन एक असहाय युवक के माँ को प्राण देकर लौट रहा है...आँखें उसकी नींद से बोझिल अवश्य थीं, लेकिन चेहरे पर जो सन्तोष का अनूठा भाव झलक रहा था, वह गीता को दुनिया के सबसे बड़ी उपलब्धि लगा।

■■■